Einfache Slowakisch Kurzgeschichten

Kurzgeschichten auf Slowakisch für Anfänger

Adam Nagy

Inhalt

Einführung

Das Lesen in einer Fremdsprache ist eine der effektivsten Möglichkeiten, um die Sprachkenntnisse zu verbessern und den Wortschatz zu erweitern. Allerdings kann es manchmal schwierig sein, ansprechendes Lesematerial auf einem angemessenen Niveau zu finden, das Erfolgserlebnisse und ein Gefühl des Fortschritts vermittelt. Die meisten Bücher und Artikel, die für Muttersprachler geschrieben wurden, sind zu lang und schwer zu verstehen oder haben einen sehr hohen Wortschatz, so dass Sie sich überfordert fühlen und aufgeben. Wenn Ihnen diese Probleme bekannt vorkommen, dann ist dieses Buch genau das Richtige für Sie!

Einfache Slowakisch Kurzgeschichten ist eine Sammlung von 25 unkonventionellen und unterhaltsamen Kurzgeschichten, die Anfängern und Mittelstufenschülern helfen sollen, ihre Sprachkenntnisse zu verbessern Slowakisch.
Diese Kurzgeschichten schaffen eine förderliche Leseumgebung;

- Reichhaltiger sprachlicher Inhalt in verschiedenen Genres, um Sie zu unterhalten und Ihnen eine Vielzahl von Wortformen zu vermitteln.
- Kürzere Geschichten in Kapiteln, damit Sie die Freude haben, die Geschichten zu beenden und schnell voranzukommen.
- Texte, die auf Ihrem Niveau geschrieben sind, so dass sie leichter zu verstehen sind und Sie nicht überwältigen.
- Die deutsche Übersetzung befindet sich auf abwechselnden Seiten, so dass Sie beim Lesen

der Slowakisch Geschichte direkt Zeile für Zeile nachschlagen können.

- Die wichtigsten Vokabeln sind in der Geschichte und in der Übersetzung fett gedruckt, damit Sie unbekannte Wörter besser verstehen.
- Verständnisfragen, um zu prüfen, ob Sie die wichtigsten Ereignisse verstanden haben, und um Sie anzuregen, genauer zu lesen.

Egal, ob Sie Ihren Wortschatz erweitern, Ihr Verständnis verbessern oder einfach nur zum Spaß lesen wollen, dieses Buch ist der größte Schritt nach vorn, den Sie in diesem Jahr in Ihrem Studium machen werden. Dieses Buch gibt dir alle Unterstützung, die du brauchst. Also lehnen Sie sich zurück, entspannen Sie sich und lassen Sie Ihrer Fantasie freien Lauf, während Sie in eine magische Welt voller Abenteuer, Geheimnisse und Intrigen entführt werden - auf Slowakisch!

Wie man dieses Buch benutzt

Lesen ist ein schwer zu beherrschendes Talent. Wir nutzen eine Reihe von Mikrofähigkeiten, um in unserer Muttersprache zu lesen. Zum Beispiel können wir einen Text überfliegen, um ein grobes Verständnis für den Inhalt zu bekommen. Oder wir durchforsten zahlreiche Seiten eines Zugfahrplans auf der Suche nach einer bestimmten Zeit oder einem bestimmten Ort. Während diese Mikrofertigkeiten beim Lesen in unserer Muttersprache zur zweiten Natur geworden sind, zeigen Untersuchungen, dass wir die meisten davon beim Lesen in einer Fremdsprache vergessen. Wenn wir eine Fremdsprache lernen, beginnen wir normalerweise am Anfang eines Textes und arbeiten uns durch ihn hindurch, wobei wir versuchen, jedes einzelne Wort zu verstehen. Dabei stoßen wir unweigerlich auf unbekannte oder komplexe Begriffe und ärgern uns, dass wir sie nicht verstehen können.

Einer der größten Vorteile des Lesens in einer Fremdsprache besteht darin, dass man eine große Anzahl von Redewendungen und Ausdrücken kennenlernt, die in Alltagssituationen verwendet werden. Extensives Lesen ist ein Begriff, der das Lesen zum Vergnügen beschreibt, um eine Sprache zu lernen. Es ist nicht mit dem Lesen eines Lehrbuchs zu vergleichen, bei dem Gespräche oder Texte langsam und aufmerksam gelesen werden sollen, um jedes Wort zu verstehen. "Intensives Lesen" bezieht sich auf das Lesen, um bestimmte Lernziele zu erreichen oder Aufgaben zu erfüllen.

Einfache Slowakisch Kurzgeschichten bietet Ihnen die

Möglichkeit, mehr über den natürlichen Slowakisch Sprachgebrauch zu erfahren, auch wenn Sie Ihre Reise zum Sprachenlernen vielleicht nur mit Lehrbüchern begonnen haben. Im Folgenden finden Sie einige Hinweise, die Sie beim Lesen der Geschichten in diesem Buch beachten sollten, um das Beste aus ihnen herauszuholen: Wenn es um das Lesen geht, sind Spaß und Erfolgserlebnisse entscheidend. Man kommt immer wieder zurück, weil man Spaß an dem hat, was man liest. Jede Geschichte von Anfang bis Ende zu lesen, ist die beste Methode, um das Lesen von Geschichten zu genießen und das Gefühl zu haben, etwas erreicht zu haben. Das Wichtigste ist also, zum Ende einer Geschichte zu gelangen. Das ist sogar noch wichtiger, als jedes einzelne Wort zu kennen.

Je mehr Sie lesen, desto mehr Wissen werden Sie erwerben. Wenn du größere Bücher zum Vergnügen liest, wirst du schnell wissen, wie Slowakisch funktioniert. Denken Sie jedoch daran, dass Sie zuerst ein ausreichend großes Buch lesen müssen, um den vollen Nutzen aus einer umfangreichen Lektüre zu ziehen. Wenn Sie hier und da ein paar Seiten lesen, lernen Sie vielleicht ein paar neue Wörter, aber das wird keinen wesentlichen Unterschied in Ihrem Gesamtniveau von Slowakisch machen.

Akzeptieren Sie die Tatsache, dass Sie nicht alles verstehen werden, was Sie in einem Roman lesen. Dies ist zweifellos der wichtigste Punkt! Denken Sie immer daran, dass es völlig in Ordnung ist, nicht alle Wörter oder Sätze zu verstehen. Das bedeutet nicht, dass Ihre Sprachkenntnisse unzureichend sind oder dass Sie eine schlechte Leistung erbringen. Es zeigt, dass Sie aktiv am Lernprozess beteiligt sind.

Leitfaden zum Lesen

Es ist am besten, wenn Sie für jedes Kapitel der Geschichten diesen einfachen sechsstufigen Leseprozess befolgen:

1. Lesen Sie den Titel des Kapitels. Überlegen Sie, worum es in der Geschichte gehen könnte. Lesen Sie dann die Geschichte ganz durch. Ihr Ziel ist es einfach, das Ende der Geschichte zu erreichen. Halten Sie also nicht an, um Wörter nachzuschlagen, und machen Sie sich keine Sorgen, wenn Sie etwas nicht verstehen. Versuchen Sie einfach, der Handlung zu folgen.

2. Wenn Sie das Ende der Geschichte erreicht haben, lesen Sie die deutsche Übersetzung durch, um zu sehen, ob Sie verstanden haben, was passiert ist, und nehmen Sie jeden Kontext auf, den Sie vielleicht verpasst haben.

3. Gehen Sie zurück und lesen Sie die gleiche Geschichte noch einmal. Wenn Sie möchten, können Sie sich mehr auf die Details der Geschichte konzentrieren als zuvor, aber ansonsten lesen Sie sie einfach noch einmal durch.

4. Gehen Sie anschließend die Verständnisfragen in Slowakisch durch, um zu überprüfen, ob Sie die Schlüsselereignisse der Geschichte verstanden haben. Wenn Sie die Fragen nicht ganz verstehen, machen Sie sich keine Sorgen. Nutzen Sie Ihr Wissen, um so gut wie möglich zu antworten.

5. Zu diesem Zeitpunkt sollten Sie die wichtigsten Ereignisse des Kapitels einigermaßen verstanden haben. Falls nicht, sollten Sie das Kapitel einige Male anhand der Übersetzung lesen, um unbekannte Wörter und Sätze zu

überprüfen, bis Sie sich sicher fühlen.

Sobald Sie bereit sind und sicher sind, dass Sie verstanden haben, was passiert ist - egal, ob Sie die Geschichte einmal oder mehrmals gelesen haben - gehen Sie zur nächsten Geschichte über und lesen Sie die Geschichte in Ihrem eigenen Tempo weiter, so wie Sie es mit jedem anderen Buch tun würden.

Erst wenn Sie eine Geschichte vollständig gelesen haben, sollten Sie zurückgehen und die Sprache der Geschichte vertiefen, wenn Sie das möchten. Anstatt sich Sorgen zu machen, ob Sie alles verstanden haben, sollten Sie sich die Zeit nehmen, sich auf das zu konzentrieren, was Sie verstanden haben, und sich selbst zu dem beglückwünschen, was Sie geschafft haben.

Einfache
Slowakische
Kurzgeschichten

Adam Nagy

Bratislava

Bratislava je nádherné mesto. Nachádza sa v **srdci** Európy a má bohatú históriu. Ľudia, ktorí tu žijú, sú priateľskí a pohostinní. V tomto meste je veľa vecí, ktoré sa dajú vidieť a robiť. Môžete navštíviť **hrad, prejsť sa** loďou alebo preskúmať staré mesto. V Bratislave si každý nájde niečo pre seba. Do Bratislavy som prišiel v slnečný májový deň. Bol som nadšený, že môžem preskúmať toto nové mesto a spoznať jeho **kultúru** a históriu. Svoju cestu som začal návštevou hradu, z ktorého je výhľad na Dunaj.

Výhľad odtiaľto bol neuveriteľný! Potom som sa prechádzal po starom meste, obdivoval architektúru a cestou sa zastavoval v kaviarňach. Večer som sa previezla loďou po Dunaji - bolo to také **pokojné** pozorovať všetky tie svetlá, ktoré sa mihotali na vode, keď sme okolo nich plávali. Nakoniec som si pred návratom do hotela na noc vychutnal tradičné slovenské jedlo v reštaurácii neďaleko hotela. Bolo to vynikajúce! Na druhý deň som sa zobudil skoro a **prechádzal som sa** po meste. Navštívil som niekoľko múzeí a dozvedel sa o **histórii** Bratislavy.

Popoludní som sa vydal na pešiu prehliadku mesta. **Sprievodca** nám ukázal všetky dôležité pamiatky a

Bratislava

Die Stadt Bratislava ist ein wunderschöner Ort. Sie befindet sich im **Herzen** Europas und hat eine reiche Geschichte. Die Menschen, die hier leben, sind freundlich und einladend. In dieser Stadt gibt es viele Dinge zu sehen und zu tun. Sie können das **Schloss** besichtigen, eine Bootsfahrt machen oder die Altstadt erkunden. In Bratislava gibt es für jeden etwas. Ich kam an einem sonnigen Tag im Mai in Bratislava an. Ich war aufgeregt, diese neue Stadt zu erkunden und etwas über ihre **Kultur** und Geschichte zu erfahren. Ich begann meine Reise mit einem Besuch der Burg, die die Donau überblickt.

Die Aussicht von dort oben war unglaublich! Danach bin ich durch die Altstadt spaziert, habe die Architektur bewundert und in den Cafés am Wegesrand Halt gemacht. Am Abend machte ich eine Bootsfahrt auf der Donau - es war so **friedlich,** all die Lichter zu beobachten, die auf dem Wasser funkelten, während wir an ihnen vorbeischwammen. Bevor ich zu meinem Hotel zurückkehrte, genoss ich in einem Restaurant in der Nähe meines Hotels ein traditionelles slowakisches Essen. Es war köstlich! Am nächsten Tag bin ich früh aufgewacht und **habe die** Stadt erkundet. Ich besuchte einige Museen und erfuhr etwas über die **Geschichte**

rozprával nám o nich príbehy. Dokonca sme sa dostali aj do jedného z kostolov! Po prehliadke som si dal niečo na **jedenie a** potom som nakupoval na jednom z trhov v meste. Kúpil som si nejaké suveníry pre svoju rodinu doma. Posledný deň v Bratislave som sa rozhodla **odpočívať** v hoteli a vychutnávať si výhľad na mesto z mojej izby. Večer som si vyšiel na večeru s novými priateľmi, ktorých som si našiel počas môjho pobytu tu . Pri **večeri** a drinkoch sme sa výborne porozprávali a smiali sme sa až do neskorej noci. Bolo smutné rozlúčiť sa, ale viem, že sa čoskoro vrátim.

von Bratislava.

Am Nachmittag habe ich einen Stadtrundgang gemacht. Der **Fremdenführer** zeigte uns alle wichtigen Sehenswürdigkeiten und erzählte uns Geschichten über sie. Wir durften sogar in eine der Kirchen hineingehen! Nach der Tour habe ich einen Happen **gegessen** und dann auf einem der Märkte in der Stadt eingekauft. Ich habe ein paar Souvenirs für meine Familie zu Hause gekauft. An meinem letzten Tag in Bratislava beschloss ich, mich in meinem Hotel zu **entspannen** und von meinem Zimmer aus die Aussicht auf die Stadt zu genießen. Am Abend ging ich mit neuen Freunden, die ich während meines Aufenthalts hier kennengelernt hatte, zum Abendessen. Wir hatten viel Spaß beim **Essen** und Trinken und haben bis spät in die Nacht gelacht. Es war traurig, Abschied zu nehmen, aber ich weiß, dass ich bald wiederkommen werde.

Otázky na porozumenie

1. V ktorom meste sa nachádza Bratislava?

2. Čo môžete robiť v Bratislave?

3. Čo robil autor v prvý deň v Bratislave?

4. Čo robil autor druhý deň v Bratislave?

5. Čo robil autor posledný deň v Bratislave?

6. Čo sa autorovi najviac páčilo na ich výlete?

7. Čo si autor kúpil na trhu?

8. S kým večeral autor posledný večer?

9. Aké bolo počasie, keď autor prišiel do Bratislavy?

10. Aké jedlo jedol autor počas pobytu v Bratislave?

Fragen zum Verständnis

1. Wo befindet sich die Stadt Bratislava?

2. Was kann man in Bratislava unternehmen?

3. Was hat der Autor an seinem ersten Tag in Bratislava gemacht?

4. Was hat der Autor an seinem zweiten Tag in Bratislava gemacht?

5. Was hat der Autor an seinem letzten Tag in Bratislava gemacht?

6. Was hat der Autorin an ihrer Reise am besten gefallen?

7. Was hat der Autor auf dem Markt gekauft?

8. Mit wem hat der Autor an seinem letzten Abend zu Abend gegessen?

9. Wie war das Wetter bei der Ankunft des Autors in Bratislava?

10. Welche Art von Essen hat der Autor in Bratislava gegessen?

Hrad Devín

Keď som prvýkrát uvidela Devina Castlea, bola to **láska na** prvý pohľad. V tom, ako slnko dopadalo na kamenné múry, bolo niečo, čo spôsobovalo, že vyzerali, akoby žiarili. Vtedy som vedel, že ho musím vidieť zblízka. A tak som sa o niekoľko týždňov neskôr vybrala na jednodňový výlet z Prahy, aby som navštívila hrad Devín. Hneď ako som prešiel **bránou,** mal som pocit, že som sa preniesol v čase. Hrad je tak dobre zachovaný a je okolo neho toľko histórie. Niet divu, prečo ľudia hovoria, že toto miesto je magické. Strávil som hodiny skúmaním každého centimetra hradného areálu a dozvedel som sa všetko o jeho **fascinujúcej** minulosti. A hoci bol preplnený turistami, keď som stál pred hradom Devín, na chvíľu som mal pocit, že som jediný človek na svete.

Druhýkrát som Devina Castlea videl v hmlistom novembrovom ráne. **Hrad** vyzeral úplne inak ako v lete, ale bol rovnako krásny. Na tom, ako hmla obklopovala hrad, bolo niečo, čo ho ešte viac pripomínalo ako z **rozprávky.** Chvíľu som sa prechádzala po areáli, vnímala všetko a nechala som sa unášať svojou predstavivosťou. Mala som pocit, že takmer vidím **duchov** stredovekých rytierov, ako sa preháňajú na

Schloss Devín

Als ich Devin Castle zum ersten Mal sah, war es **Liebe** auf den ersten Blick. Die Art und Weise, wie die Sonne auf die Steinmauern traf, hatte etwas, das sie zu glühen schien. Ich wusste sofort, dass ich es aus der Nähe sehen musste. Ein paar Wochen später machte ich einen Tagesausflug von Prag aus, um die Burg Devin zu besuchen. Sobald ich durch die **Tore** trat, fühlte ich mich in die Vergangenheit zurückversetzt. Die Burg ist so gut erhalten und hat so viel Geschichte zu bieten. Es ist kein Wunder, dass die Leute sagen, dieser Ort sei magisch. Ich verbrachte Stunden damit, jeden Winkel des Schlosses zu erkunden und alles über seine **faszinierende** Vergangenheit zu erfahren. Und obwohl es voller Touristen war, hatte ich einen Moment lang das Gefühl, vor dem Devin Castle zu stehen und der einzige Mensch auf der Welt zu sein.

Das zweite Mal sah ich das Schloss Devin an einem nebligen Morgen im November. Die **Burg** sah ganz anders aus als im Sommer, aber sie war genauso schön. Die Art und Weise, wie der Nebel das Schloss umgab, ließ es noch **märchenhafter** erscheinen. Ich spazierte eine Weile über das Gelände, nahm alles in mich auf und ließ meiner Fantasie freien Lauf. Ich hatte das Gefühl, die **Geister** der mittelalterlichen Ritter auf

svojich koňoch cez hmlu. A na chvíľu som prisahala, že som počula, ako z jednej z **veží** niekto hrá na lutnu.

Tretíkrát som Devina Castlea videl minulý týždeň počas snehovej búrky. Celé miesto vyzeralo ako zo zimnej krajiny zázrakov. Hoci technicky nebol otvorený pre návštevníkov, neodolal som a preliezol plot, aby som sa dostal bližšie. Hneď ako som vstúpil na pozemok, cítil som sa ako v **úplne** inom svete. Ťažko sa to vysvetľuje, ale na tomto mieste je jednoducho niečo, čo vám dáva pocit, že všetko je možné. Neviem kedy ani ako, ale hrad Devin sa nejako stal mojou súčasťou. Akoby tam bol odjakživa a čakal, kým ho nájdem. A teraz, keď sa mi to podarilo, **si** bez neho neviem **predstaviť** svoj život. Zakaždým, keď vidím hrad, mám pocit, že sa vraciam domov. Hoci som ho prvýkrát navštívila len pred niekoľkými mesiacmi, hrad Devín sa už stal jedným z mojich **najcennejších** miest na svete.

ihren Pferden durch den Nebel reiten zu sehen. Und einen Moment lang war ich mir sicher, dass ich aus einem der **Türme** jemanden Laute spielen hörte.

Das dritte Mal, dass ich Devin Castle sah, war letzte Woche während eines Schneesturms. Der ganze Ort sah aus wie **ein** Winterwunderland. Obwohl es eigentlich nicht für Besucher geöffnet war, konnte ich nicht widerstehen, über den Zaun zu klettern, um näher heranzukommen. Sobald ich das Grundstück betrat, fühlte ich mich wie in einer **ganz** anderen Welt. Es ist schwer zu erklären, aber dieser Ort hat einfach etwas an sich, das einem das Gefühl gibt, dass alles möglich ist. Ich weiß nicht, wann oder wie, aber irgendwie ist Devin Castle ein Teil von mir geworden. Es ist, als wäre es schon immer da gewesen und hätte darauf gewartet, dass ich es finde. Und jetzt, wo ich es gefunden habe, kann ich mir ein Leben ohne es nicht mehr **vorstellen**. Jedes Mal, wenn ich das Schloss sehe, ist es, als käme ich nach Hause. Obwohl ich es erst vor ein paar Monaten zum ersten Mal besucht habe, ist Devin Castle bereits zu einem meiner **liebsten** Orte auf der Welt geworden.

Otázky na porozumenie

1. Aký je autorov prvý dojem z Devina Castlea?

2. Čo hovorí autor o vzhľade hradu v rôznych ročných obdobiach?

3. Čo cíti autorka, keď navštívi hrad Devin?

4. Aké je autorovo obľúbené ročné obdobie na návštevu hradu Devín?

5. Čo hovorí autor o histórii hradu?

6. Čo hovorí autor o areáli hradu?

7. Čo hovorí autor o hradných vežiach?

8. Čo hovorí autor o návštevníkoch hradu?

9. Čo si autor myslí o Devinovi Castleovi?

10. Čo hovorí autorka o svojich návštevách na hrade Devin?

Fragen zum Verständnis

1. Was ist der erste Eindruck des Autors von Devin Castle?

2. Was sagt der Autor über das Aussehen des Schlosses zu den verschiedenen Jahreszeiten?

3. Was fühlt die Autorin, als sie Devin Castle besucht?

4. Zu welcher Jahreszeit besucht die Autorin Devin Castle am liebsten?

5. Was sagt der Autor über die Geschichte des Schlosses?

6. Was sagt der Autor über die Anlage des Schlosses?

7. Was sagt der Autor über die Türme des Schlosses?

8. Was sagt der Autor über die Besucher des Schlosses?

9. Was hält der Autor von Devin Castle?

10. Was erzählt die Autorin über ihre Besuche in Devin Castle?

Schnitzel

Schnitzel bol veselý malý knírač, ktorý nemal nič radšej ako hranie sa so svojimi hračkami a naháňanie **veveričiek** v parku. Jedného dňa, keď bol Schnitzel na prechádzke so svojím majiteľom, zbadal na zemi ležať chutne vyzerajúcu klobásu. Bez ďalšieho premýšľania Schnitzel zhltol **klobásu na** jedno sústo. Netušil, že to bude začiatok veľmi rušného dňa. Po zjedení klobásy sa šnicel začal cítiť zvláštne. Začalo mu škvŕkať v žalúdku a pocítil nekontrolovateľnú potrebu behať dookola. Šprintoval kolá okolo bloku, až napokon od **vyčerpania** skolaboval. Keď sa mu jeho majiteľ pokúsil dať trochu vody, Schnitzel odmietol a opäť utiekol do **parku.**

Nevedel to vysvetliť, ale niečo v ňom **sa** muselo **hýbať.** Ako Schnitzel pokračoval v behu, začal sa cítiť ešte zvláštnejšie. Videl rozmazane a všade okolo seba počul zvláštne **hlasy.** Zdalo sa mu, že vidí obrovskú vevericu, ktorá ho prenasleduje, a tak bežal ešte rýchlejšie. Zrazu všetko sčernelo a Schnitzel stratil vedomie. Keď sa Schnitzel prebral, zistil, že sa nachádza v **žiarivo** bielej miestnosti. Bol obklopený ľuďmi v laboratórnych plášťoch, ktorí doňho pichali a pichali ho zvláštnymi **nástrojmi**. Ako ho skúmali, mrmlali slová ako "toxický" a "otrávený". Schnitzel nevedel, čo sa deje, ale vedel,

Schnitzel

Schnitzel war ein fröhlicher kleiner Schnauzer, der nichts mehr liebte, als mit seinem Spielzeug zu spielen und **Eichhörnchen** im Park zu jagen. Eines Tages, als Schnitzel mit seinem Besitzer spazieren ging, entdeckte er ein lecker aussehendes Würstchen auf dem Boden liegen. Ohne weiter nachzudenken, verschlang Schnitzel die **Wurst** mit einem Bissen. Er ahnte nicht, dass dies der Beginn eines sehr ereignisreichen Tages sein würde. Nachdem er die Wurst gegessen hatte, fühlte sich das Schnitzel komisch. Sein Magen fing an zu knurren, und er verspürte einen unkontrollierbaren Drang, herumzulaufen. Er sprintete eine Runde um den Block, bis er schließlich vor **Erschöpfung** zusammenbrach. Als sein Besitzer versuchte, ihm etwas Wasser zu geben, weigerte sich Schnitzel und rannte wieder in den **Park**.

Er konnte es sich nicht erklären, aber irgendetwas in ihm musste einfach **weitergehen**. Als Schnitzel weiterlief, begann er sich noch seltsamer zu fühlen. Seine Sicht wurde verschwommen und er hörte seltsame **Stimmen um sich** herum. Er glaubte, ein riesiges Eichhörnchen zu sehen, das ihn verfolgte, also rannte er noch schneller. Plötzlich wurde alles schwarz und Schnitzel wurde ohnmächtig. Als Schnitzel

že niečo nie je v poriadku.

Vzápätí Schnitzelovi **pichli injekciu s nejakým** protijedom a odviezli ho do sanitky. Odviezli ho do zvieracej **nemocnice,** kde sa niekoľko nasledujúcich dní zotavoval zo svojho utrpenia. Našťastie, vďaka rýchlemu mysleniu lekárov a sestier **sa** Schnitzel úplne **zotavil - hoci** jeho majiteľ nikdy nezabudne, ako blízko bol k strate svojho **milovaného** domáceho maznáčika. V súčasnosti si Schnitzel dáva oveľa väčší pozor na to, čo zje, keď je na prechádzke. Vie, že sú veci, ktoré sú príliš dobré na to, aby im odolal, ale niekedy je lepšie byť v bezpečí, ako ľutovať!

aufwachte, befand er sich in einem **hellen**, weißen Raum. Er war von Menschen in Laborkitteln umgeben, die ihn mit seltsamen **Instrumenten** stachen und stupsten. Während sie ihn untersuchten, murmelten sie Worte wie "giftig" und "vergiftet". Schnitzel wusste nicht, was vor sich ging, aber er wusste, dass etwas nicht stimmte.

Das Nächste, was Schnitzel mitbekam, war, dass ihm eine Art Gegengift **injiziert wurde** und er in einen Krankenwagen gebracht wurde. Er wurde in die **Tierklinik gebracht**, wo er die nächsten Tage damit verbrachte, sich von seiner Tortur zu erholen. Dank der schnellen Reaktion der Ärzte und Krankenschwestern erholte sich Schnitzel zum Glück wieder vollständig - **auch wenn** sein Besitzer ihn nie vergessen ließ, wie knapp er sein **geliebtes** Haustier verloren hatte. Heute achtet Schnitzel viel mehr darauf, was er bei seinen Spaziergängen frisst. Er weiß, dass es Dinge gibt, die einfach zu gut sind, um ihnen zu widerstehen, aber manchmal ist es besser, auf Nummer sicher zu gehen!

Otázky na porozumenie

1. Čo jedol Schnitzel, že mal taký rušný deň?

2. Ako sa cítil Schnitzel po zjedení klobásy?

3. Prečo Schnitzel pokračoval v behu aj potom, čo sa cítil vyčerpaný?

4. Čo videl Schnitzel pred tým, ako odpadol?

5. Ako bol Schnitzel zachránený?

6. Čo sa Schnitzel naučil zo svojej skúsenosti?

7. Čo znamená slovo "toxický"?

8. Čo znamená slovo "protilátka"?

9. Čo je to knírač?

10. Čo je veverička?

Fragen zum Verständnis

1. Was hat Schnitzel gegessen, das ihm einen so ereignisreichen Tag beschert hat?

2. Wie hat sich Schnitzel gefühlt, nachdem er die Wurst gegessen hatte?

3. Warum rannte Schnitzel weiter, auch wenn er sich erschöpft fühlte?

4. Was hat Schnitzel gesehen, bevor er ohnmächtig wurde?

5. Wie wurde das Schnitzel gerettet?

6. Was hat Schnitzel aus seiner Erfahrung gelernt?

7. Was bedeutet das Wort "giftig"?

8. Was bedeutet das Wort "Antidot"?

9. Was ist ein Schnauzer?

10. Was ist ein Eichhörnchen?

Jaskyne Slovenského krasu

Jaskyne Slovenského krasu sú sieťou viac ako 12 000 jaskýň, ktoré sa nachádzajú na území Slovenskej republiky. Patria k **najväčším** a najzložitejším jaskynným systémom v Európe a už po stáročia sú vyhľadávaným cieľom turistov. Jedného letného dňa skupina turistov skúmala jednu z jaskýň, keď narazila na zvláštneho tvora, ktorý číhal v tieni. Tvor bol malý a chlpatý s veľkými očami a zdalo sa, že ich pozorne sleduje. Turisti sa **ho** zľakli, ale rýchlo si uvedomili, že nepredstavuje žiadnu hrozbu. Začali si ho fotografovať a čoskoro sa o záhadnom jaskynnom tvorovi začalo hovoriť. Tvor sa rýchlo stal senzáciou na sociálnych sieťach a ľudia sa o ňom chceli dozvedieť viac. Do jaskyne bol **vyslaný** tím vedcov, aby tvora preskúmal a pokúsil sa zistiť, čo je zač.

Po týždňoch výskumu sa vedcom stále nedarilo **identifikovať** tvora. Zistili však, že je nočný a vychádza len v noci. To ešte viac sťažilo jeho štúdium. Keďže záujem o tvora stále rástol, skupina dobrodruhov sa rozhodla, že sa do jaskyne vydá sama a **pokúsi sa** ho chytiť. Boli vyzbrojení uspávacími šípkami a sieťovými zbraňami, ale čoskoro zistili, že chytiť tvora nebude

Slowakische Karsthöhlen

Die slowakischen Karsthöhlen sind ein Netz von über 12 000 Höhlen in der Slowakischen Republik. Sie gehören zu den **größten** und komplexesten Höhlensystemen in Europa und sind seit Jahrhunderten ein beliebtes Touristenziel. An einem Sommertag erkundete eine Gruppe von Touristen eine der Höhlen, als sie auf eine seltsame Kreatur stießen, die in den Schatten lauerte. Das Wesen war klein und pelzig, hatte große Augen und schien sie aufmerksam zu beobachten. Die Touristen erschraken über die **Kreatur**, merkten aber schnell, dass sie keine Gefahr darstellte. Sie begannen, es zu fotografieren, und schon bald sprach sich die mysteriöse Höhlenkreatur herum. Die Kreatur wurde in den sozialen Medien schnell zu einer Sensation, und die Menschen wollten unbedingt mehr über sie erfahren. Ein Team von Wissenschaftlern wurde in die Höhle **geschickt**, um die Kreatur zu untersuchen und herauszufinden, was es war.

Nach wochenlangen Nachforschungen konnten die Wissenschaftler die Kreatur immer noch nicht **identifizieren**. Sie entdeckten jedoch, dass es nachtaktiv war und nur nachts herauskam. Das machte

ľahké. Bol neuveriteľne **rýchly** a pohyblivý, takže sa k nemu nemohli priblížiť natoľko, aby ho mohli zastreliť. Po niekoľkých neúspešných pokusoch sa dobrodruhom nakoniec podarilo tvora chytiť. Vzali ho späť do svojho laboratória na ďalšie **štúdium**. Tam konečne zistili, čo to bolo za stvorenie: nový druh netopiera, ktorého nikdy predtým nevideli. Netopier dostal meno a čoskoro sa stal známym ako jaskynný netopier Slovenského krasu.

Objav jaskynného netopiera Slovenského krasu bol významným vedeckým **objavom**. Bol to prvý nový druh netopiera objavený po viac ako 100 rokoch. Jaskyňa, v ktorej bol nájdený, sa rýchlo stala **obľúbeným turistickým** cieľom a ľudia z celého sveta prichádzali, aby videli tohto nepolapiteľného tvora. Jaskynný netopier zo Slovenského krasu sa rýchlo stal svetovou senzáciou.

seine Erforschung noch schwieriger. Als das Interesse an der Kreatur immer größer wurde, beschloss eine Gruppe von Abenteurern, selbst in die Höhle zu gehen, um **zu versuchen,** sie zu fangen. Sie waren mit Betäubungspfeilen und Netzpistolen bewaffnet, mussten aber bald feststellen, dass es nicht einfach sein würde, die Kreatur zu fangen. Es war unglaublich **schnell** und wendig, so dass es ihnen unmöglich war, nahe genug heranzukommen, um es zu erschießen. Nach mehreren gescheiterten Versuchen gelang es den Abenteurern schließlich, die Kreatur zu fangen. Sie brachten es zur weiteren **Untersuchung** in ihr Labor. Dort entdeckten sie schließlich, worum es sich bei der Kreatur handelte: eine neue Fledermausart, die noch nie zuvor gesehen worden war. Die Fledermaus erhielt einen Namen und wurde bald als Slowakische Karsthöhlenfledermaus bekannt.

Die Entdeckung der Slowakischen Karsthöhlenfledermaus war ein großer wissenschaftlicher **Durchbruch**. Es war die erste neue Fledermausart, die seit über 100 Jahren entdeckt wurde. Die Höhle, in der sie gefunden wurde, wurde schnell zu einem **beliebten** Touristenziel, und Menschen aus der ganzen Welt kamen, um das schwer fassbare Tier zu sehen. Die Slowakische Karsthöhlenfledermaus wurde schnell zu einer weltweiten Sensation.

Otázky na porozumenie

1. Čo sú jaskyne Slovenského krasu?

2. Koľko jaskýň je v Slovenskom krase?

3. Čo našli turisti v jaskyni?

4. Čo vedci zistili o tomto tvorovi?

5. Ako bolo toto stvorenie nakoniec identifikované?

6. Ako ovplyvnil objav tohto tvora cestovný ruch v oblasti?

7. Ako ľudia reagovali na objavenie tohto tvora?

8. Čo viedlo tím vedcov k tomu, aby skúmali biotop tohto tvora?

9. Čo zistili vedci o jaskyni, v ktorej žil tento tvor?

10. Aký význam má objav jaskynného netopiera v Slovenskom krase?

Fragen zum Verständnis

1. Was sind die slowakischen Karsthöhlen?

2. Wie viele Höhlen gibt es in den slowakischen Karsthöhlen?

3. Was haben die Touristen in der Höhle gefunden?

4. Was haben die Wissenschaftler über die Kreatur herausgefunden?

5. Als was wurde die Kreatur schließlich identifiziert?

6. Wie hat sich die Entdeckung der Kreatur auf den Tourismus in der Region ausgewirkt?

7. Wie haben die Menschen auf die Entdeckung des Wesens reagiert?

8. Was war der Grund für das Wissenschaftlerteam, den Lebensraum der Kreatur zu untersuchen?

9. Was haben die Wissenschaftler über die Höhle herausgefunden, in der die Kreatur lebte?

10. Welche Bedeutung hat die Entdeckung der Slowakischen Karsthöhlenfledermaus?

Peter Sagan

Peter Sagan sa narodil, aby jazdil na **bicykli**. Pretekať začal ešte ako malý chlapec a rýchlo sa stal jedným z najúspešnejších cyklistov na svete. Jeho prirodzené schopnosti a tvrdá práca z neho urobili jedného z **najuznávanejších** jazdcov v histórii, ktorý má na konte viacero víťazstiev na majstrovstvách sveta a Tour de France. Peter to však nemal vždy ľahké. V roku 2016 sa stal účastníkom nehody, po ktorej utrpel **vážne** zranenia. Mnohí ľudia si mysleli, že jeho kariéra sa môže skončiť, ale Peter im dokázal, že sa mýlili, keď sa vrátil silnejší ako kedykoľvek predtým. V súčasnosti je Peter stále považovaný za jedného z najlepších cyklistov na svete. Naďalej vyhráva **preteky** a inšpiruje ostatných svojou vášňou pre cyklistiku. Bol to **krásny** deň na jazdu.

Slnko svietilo a fúkal vietor, ideálne podmienky na bicyklovanie. Peter Sagan sa vydal na bicykel a túžil najazdiť nejaké kilometre. Počas jazdy premýšľal o všetkých úspechoch, ktoré dosiahol vo svojej kariére. Vyhral **viacero** majstrovstiev sveta a etáp Tour de France, ale zažil aj ťažké chvíle. V roku 2016 sa stal účastníkom nehody, po ktorej utrpel **vážne** zranenia. Mnohí ľudia si mysleli, že jeho kariéra sa môže skončiť, ale Peter im dokázal, že sa mýlili, keď sa vrátil silnejší

Peter Sagan

Peter Sagan wurde zum **Radfahren** geboren. Er begann schon als kleiner Junge mit dem Rennsport und wurde schnell zu einem der erfolgreichsten Radfahrer der Welt. Seine natürliche Begabung und harte Arbeit haben ihn zu einem der **meistdekorierten** Fahrer der Geschichte gemacht, mit mehreren Weltmeistertiteln und Tour de France-Siegen auf seinem Konto. Aber es war nicht immer einfach für Peter. Im Jahr 2016 war er in einen Sturz verwickelt, bei dem er sich **schwere** Verletzungen zuzog. Viele dachten, dass seine Karriere zu Ende sein könnte, aber Peter bewies ihnen das Gegenteil, indem er stärker als je zuvor zurückkam. Auch heute noch gilt Peter als einer der besten Radfahrer der Welt. Er gewinnt weiterhin **Rennen** und inspiriert andere mit seiner Leidenschaft für den Radsport. Es war ein **schöner** Tag für eine Fahrt.

Die Sonne schien und es wehte eine leichte Brise - perfekte Bedingungen zum Radfahren. Peter Sagan schwang sich auf sein Rad, um ein paar Kilometer zu sammeln. Während er fuhr, dachte er an all die Erfolge, die er in seiner Karriere hatte. Er hatte **mehrere** Weltmeisterschaften und Tour-de-France-Etappen gewonnen, aber es gab auch einige schwierige Zeiten. Im Jahr 2016 war er in einen Sturz verwickelt gewesen,

ako kedykoľvek predtým. Peter Sagan nemiluje nič viac ako byť na bicykli a cítiť vietor, ktorý mu vízga vo vlasoch. Je to niečo, čo mu prináša radosť a **pokoj,** najmä po všetkom, čím **si v** posledných rokoch **prešiel.**

V roku 2016 sa Peter počas Tour de France stal účastníkom hrozivej nehody, pri ktorej utrpel vážne zranenia vrátane **zlomenín** kostí a vnútorného krvácania. Niektorí ľudia si mysleli, že to bude koniec jeho pretekárskej **kariéry,** ale mýlili sa. Po mesiacoch rehabilitácie sa Peter neuveriteľne vrátil a vyhral viacero pretekov vrátane dvoch etáp na minuloročnej Tour de France. Nielenže všetkým dokázal, že sa mýlili, ale inšpiroval aj ďalších jazdcov, ktorí si možno prešli podobnými ťažkými skúškami. Bez ohľadu na to, čo mu **život** pripraví, Peter bude vždy šliapať do pedálov.

bei dem er sich **schwer** verletzt hatte. Viele dachten, dass seine Karriere vorbei sein könnte, aber Peter hat sie eines Besseren belehrt, indem er stärker als je zuvor zurückkam. Peter Sagan liebt nichts mehr, als auf seinem Fahrrad zu sitzen und den Wind durch sein Haar wehen zu lassen. Es ist etwas, das ihm Freude und **Frieden** bringt, besonders nach allem, was er in den letzten Jahren **durchgemacht hat**.

Im Jahr 2016 war Peter in einen schrecklichen Sturz während der Tour de France verwickelt, bei dem er sich schwere Verletzungen zuzog, darunter Knochenbrüche und innere Blutungen. Einige Leute dachten, dass dies das Ende seiner **Rennkarriere** sein würde, aber sie lagen falsch. Nach monatelanger Rehabilitation gelang Peter ein unglaubliches Comeback, er gewann mehrere Rennen, darunter zwei Etappen bei der letztjährigen Tour de France. Er hat nicht nur allen bewiesen, dass sie sich geirrt haben, sondern hat auch andere Fahrer inspiriert, die vielleicht eine ähnliche Tortur durchgemacht haben. Egal, was **das Leben ihm** vorwirft, Peter wird immer weiter in die Pedale treten.

Otázky na porozumenie

1. Aké sú niektoré z úspechov Petra Sagana?

2. Čo sa stalo s Petrom Saganom v roku 2016?

3. Ako reagoval Peter Sagan na svoje zranenia v roku 2016?

4. Čo si myslia priatelia a rodina Petra Sagana o jeho vášni pre cyklistiku?

5. Čo motivuje Petra Sagana, aby pokračoval v cyklistike?

6. Čo miluje Peter Sagan na cyklistike?

7. Čo je na práci profesionálneho cyklistu najťažšie?

8. Aká je obľúbená cyklistická trasa Petra Sagana?

9. Na akom bicykli jazdí Peter Sagan?

10. Aké sú ciele Petra Sagana do budúcnosti?

Fragen zum Verständnis

1. Was sind einige von Peter Sagans Errungenschaften?

2. Was geschah mit Peter Sagan im Jahr 2016?

3. Wie hat Peter Sagan auf seine Verletzungen im Jahr 2016 reagiert?

4. Was denken die Freunde und die Familie von Peter Sagan über seine Leidenschaft für den Radsport?

5. Was motiviert Peter Sagan, weiter Rad zu fahren?

6. Was liebt Peter Sagan am Radsport?

7. Was ist eines der schwierigsten Dinge, wenn man Profi-Radfahrer ist?

8. Was ist die Lieblingsstrecke von Peter Sagan?

9. Was für ein Fahrrad fährt Peter Sagan?

10. Was sind die Ziele von Peter Sagan für die Zukunft?

Gulášová polievka

Na Slovensku bol chladný zimný deň a na jedálnom lístku bola gulášová polievka. Hustá, výdatná polievka z hovädzieho mäsa, **zemiakov,** mrkvy a cibule bola presne to, čo všetci potrebovali na zahriatie. Keď sa rodina zhromaždila okolo stola, cítili lahodnú vôňu guláša, ktorý sa varil v hrnci. Všetci si dychtivo naplnili **misky** horúcou polievkou a nabrali si prvé lyžice. Chuť im explodovala v ústach; bola ešte lepšia, ako si predstavovali! Hovädzie mäso bolo **mäkké,** zelenina dokonale uvarená a vývar bol bohatý a aromatický. Bolo to naozaj dokonalé jedlo na chladný zimný deň. Keď dojedli svoje misky polievky, všetci sa cítili **teplí** a spokojní. Guláš sa im určite zapáčil! Potom sa však stalo niečo zvláštne.

Členovia rodiny sa jeden po druhom začali cítiť trochu **inak**. Začalo im škvŕkať v žalúdku a pociťovali nekontrolovateľné nutkanie grgnúť. Najprv sa to snažili zadržať, ale bolo to príliš silné. Vypustili obrovské **grganie,** ktoré sa ozývalo celým domom. Netrvalo dlho a všetci začali hlasno a často grgať; guláš im všetkým spôsobil plynatosť! Ale aj keď **vydávali** trápne **zvuky,** nikto nemohol prestať jesť chutnú polievku. Vlastne sa všetci vrátili po druhú... a tretiu... a štvrtú! Keď dojedli plnú misu guláša, všetci mali nafúknuté žalúdky

Gulaschsuppe

Es war ein kalter Wintertag in der Slowakei, und Gulaschsuppe stand auf dem Speiseplan. Die dicke, deftige Suppe aus Rindfleisch, **Kartoffeln**, Karotten und Zwiebeln war genau das, was alle zum Aufwärmen brauchten. Als sich die Familie um den Tisch versammelte, konnte man den köstlichen Duft des im Topf köchelnden Gulaschs riechen. Alle füllten eifrig ihre **Schüsseln mit der** dampfend heißen Suppe und nahmen die ersten Löffel. Die Aromen explodierten in ihren Mündern; es war noch besser, als sie es sich vorgestellt hatten! Das Rindfleisch war **zart**, das Gemüse perfekt gegart, und die Brühe war reichhaltig und schmackhaft. Es war wirklich eine perfekte Mahlzeit für einen kalten Wintertag. Als sie ihre Schüsseln mit Suppe leer gegessen hatten, fühlten sich alle **warm** und zufrieden. Das Gulasch war genau das Richtige! Doch dann geschah etwas Seltsames.

Nach und nach begannen die Familienmitglieder, sich ein wenig **anders zu** fühlen. Ihre Mägen begannen zu knurren, und sie verspürten einen unkontrollierbaren Drang zu rülpsen. Zuerst versuchten sie, es zu unterdrücken, aber es war zu stark. Sie stießen riesige **Rülpser** aus, die durch das Haus hallten. Es dauerte nicht lange, bis alle laut und oft rülpsten; das Gulasch

od nahromadených plynov. Kývali sa ako tučniaci a vypúšťali z úst malé "poot". Dokonca aj pes sa zapojil do akcie; začal prdieť ako **búrka**! Z jeho zadku sa ozývali zvuky ako pri hromobití.

Všetci sa smiali, ako hlúpo vyzerá (a smrdí). **Nakoniec** ľudia začali odchádzať; niektorí museli ísť do práce, iní už nemohli vydržať ďalšiu zábavu s flatulenciou (po chvíli to môže byť dosť ohromujúce). Keď každý človek odchádzal ,nezabudol poďakovať svojej hostiteľke za také **skvelé** jedlo - aj keď možno teraz ľutovala svoje rozhodnutie urobiť gulášovú polievku! Dom bol konečne prázdny a pes si išiel von vybaviť svoje záležitosti. Jediný zvuk, ktorý bolo počuť, bolo jemné **chrápanie** spiaceho dieťaťa. Celkovo to bolo vydarené - aj keď trochu zapáchajúce - zimné jedlo!

hatte ihnen allen Blähungen beschert! Aber trotz der peinlichen **Geräusche** konnte niemand aufhören, die köstliche Suppe zu essen. Sie holten sich sogar noch einen Nachschlag... und einen dritten... und einen vierten! Als sie mit ihren Schüsseln voll Gulasch fertig waren, waren die Mägen aller aufgebläht und gebläht von all den Blähungen, die sich angesammelt hatten. Sie watschelten herum wie Pinguine und stießen dabei kleine "Pups" aus. Sogar der Hund beteiligte sich an der Aktion: Er furzte wie ein **Sturm**! Es hörte sich an wie Donnerschläge, die aus seinem Hintern kamen.

Alle lachten darüber, wie albern er aussah (und roch). **Schließlich** begannen die Leute zu gehen; einige mussten zur Arbeit, während andere den Blähungsspaß einfach nicht mehr ertragen konnten (es kann nach einer Weile ziemlich überwältigend werden). Beim Verlassen des Hauses bedankte sich jeder bei der Gastgeberin für das **wunderbare** Essen - auch wenn sie ihre Entscheidung, Gulaschsuppe zu kochen, jetzt vielleicht bereut! Das Haus war endlich leer, und der Hund war nach draußen gegangen, um sein Geschäft zu verrichten. Das einzige Geräusch, das zu hören war, war das leise **Schnarchen** des schlafenden Babys. Alles in allem war es ein gelungenes - wenn auch etwas stinkendes - Winteressen!

Otázky na porozumenie

1. Čo bolo na jedálnom lístku rodinného stretnutia?

2. Prečo bola gulášová polievka ideálna do chladného počasia?

3. Čo sa stalo s rodinou po zjedení polievky?

4. Ako pes prispel k situácii?

5. Ako sa cítili členovia rodiny po odchode zo stretnutia?

6. Aký zvuk naplnil dom po tom, čo všetci odišli?

7. Prečo mohla hostiteľka ľutovať svoje rozhodnutie uvariť gulášovú polievku?

8. Čo znamená slovo "guláš"?

9. Aký druh polievky je gulášová polievka?

10. Aké sú ingrediencie gulášovej polievky?

Fragen zum Verständnis

1. Was stand auf dem Speiseplan des Familientreffens?

2. Warum war die Gulaschsuppe perfekt für das kalte Wetter?

3. Was geschah mit der Familie, nachdem sie die Suppe gegessen hatte?

4. Wie hat der Hund zu der Situation beigetragen?

5. Wie haben sich die Familienmitglieder gefühlt, nachdem sie die Versammlung verlassen haben?

6. Welches Geräusch erfüllte das Haus, nachdem alle gegangen waren?

7. Warum könnte die Gastgeberin ihre Entscheidung, Gulaschsuppe zu kochen, bereut haben?

8. Was bedeutet das Wort "Gulasch"?

9. Welche Art von Suppe ist Gulaschsuppe?

10. Aus welchen Zutaten besteht die Gulaschsuppe?

Ľadový hokej

Na Slovensku bol **chladný** zimný deň a na zimnom štadióne sa korčuľovali a hrali hry ľudia všetkých vekových kategórií. Vzduch bol naplnený zvukom korčúľ škriabajúcich o ľad a smiechom. Jeden mladý chlapec, Tomáš, bol dnes na klzisku obzvlášť nadšený. Práve dostal svoje prvé **korčule** a nemohol sa dočkať, až ich vyskúša. Opatrne vstúpil na ľad a pridržiaval sa steny, aby mal oporu. Nohy sa mu spočiatku triasli, ale čoskoro si zvykol a začal **sebavedomo** kízať. Hral sa s kamarátmi hry, až kým nenastal čas ísť domov. Keď odchádzal z klziska, vedel, že zajtra sa sem vráti znova - tentoraz ešte lepšie **pripravený**. Nasledujúci deň vstával Tomáš skoro a nemohol sa dočkať návratu na **klzisko**.

Obul si korčule a vyrazil von, tentoraz bez toho, aby sa držal steny. Dnes sa cítil **istejšie a** chcel vyskúšať korčuľovanie dozadu. Po niekoľkých pokusoch sa mu to konečne podarilo a žiaril pýchou. Na klzisku strávil celý deň a domov sa vrátil, až keď sa začalo stmievať. Jeho rodičia boli radi, že sa tak **zaujímal o** hokej, a sľúbili mu, že ho čoskoro zoberú na profesionálny zápas. Tomáš sa nemohol dočkať - vedel, že jedného dňa bude hrať na tom istom ľade. O niekoľko rokov neskôr bol Tomáš členom slovenského národného hokejového

Eishockey

Es war ein **kalter** Wintertag in der Slowakei, und auf der Eishockeybahn tummelten sich Menschen jeden Alters, die Schlittschuh liefen und Spiele spielten. Die Luft war erfüllt vom Kratzen der Schlittschuhe auf dem Eis und vom Lachen. Ein Junge, Tomas, war besonders aufgeregt, weil er heute auf der Eisbahn war. Er hatte gerade sein erstes Paar **Schlittschuhe** bekommen und konnte es kaum erwarten, sie auszuprobieren. Vorsichtig betrat er das Eis und hielt sich an der Wand fest, um sich abzustützen. Zuerst fühlten sich seine Beine wackelig an, aber bald gewöhnte er sich daran und begann, **selbstbewusst** herumzugleiten. Er spielte Spiele mit seinen Freunden, bis es Zeit war, nach Hause zu gehen. Als er die Eisbahn verließ, wusste er, dass er morgen wiederkommen würde - dieses Mal sogar noch besser **vorbereitet**. Am nächsten Tag war Tomas früh auf den Beinen und wollte unbedingt wieder auf die **Eisbahn**.

Er zog seine Schlittschuhe an und fuhr los, diesmal ohne sich an der Wand festzuhalten. Er fühlte sich heute **sicherer** und wollte versuchen, rückwärts zu laufen. Nach ein paar Versuchen schaffte er es schließlich und strahlte vor Stolz. Er verbrachte den ganzen Tag auf der Eisbahn und ging erst nach Hause, als es schon dunkel wurde. Seine Eltern freuten sich,

tímu. Tvrdo pracoval, aby sa dostal tam, kde bol, a miloval každú minútu. Miloval pocit korčuľovania po ľade vo vysokej rýchlosti, prácu s pukom s hokejkou a strieľanie gólov. Dnes hral na **turnaji a** jeho tím sa stretol s Kanadou.

Zápas bol vyrovnaný, ale nakoniec sa z neho tešilo Slovensko, ktoré zvíťazilo 3:2. Keď Tomáš dvíhal trofej nad hlavu, spomínal na svoje začiatky, keď sa učil korčuľovať - vedel, že ak sa človek odhodlá, je **možné** všetko! Bol to finálový zápas play-off Stanleyho pohára a Tomášov tím stál proti najväčším **rivalom,** Rusku. Celá krajina stála za nimi a **povzbudzovala** ich. Zápas bol napínavý, ale nakoniec Slovensko vyhralo výsledkom 4:3. Keď z oblohy padali konfety a Tomáš objímal svojich spoluhráčov, premýšľal o tom, ako ďaleko sa dostal od tých prvých dní **korčuľovania na** miestnom klzisku. Vedel, že tento okamih mu zostane navždy - konečne sa mu splnil sen.

dass er sich so sehr für Eishockey **interessierte**, und versprachen, ihn bald zu einem Profispiel mitzunehmen. Tomas konnte es kaum erwarten - er wusste, dass er eines Tages auf genau diesem Eis spielen würde. Ein paar Jahre später war Tomas Mitglied der slowakischen **Eishockeynationalmannschaft**. Er hatte hart gearbeitet, um dorthin zu kommen, wo er jetzt war, und er liebte jede Minute davon. Er liebte das Gefühl, mit hoher Geschwindigkeit über das Eis zu gleiten, mit dem Puck zu hantieren und Tore zu schießen. Heute nahm er an einem **Turnier teil**, und seine Mannschaft trat gegen Kanada an.

Das Spiel war knapp, aber am Ende setzte sich die Slowakei mit einem 3:2-Sieg durch. Als Tomas die Trophäe über seinen Kopf hob, dachte er an die Zeit zurück, als er das Schlittschuhlaufen lernte - er wusste, dass alles **möglich ist**, wenn man sich nur etwas vornimmt! Es war das letzte Spiel der Stanley-Cup-Playoffs, und Tomas' Team trat gegen seinen größten **Rivalen**, Russland, an. Das ganze Land stand hinter ihnen und **feuerte** sie an. Das Spiel war hart umkämpft, aber am Ende gewann die Slowakei mit 4:3. Als das Konfetti vom Himmel fiel und Tomas seine Mannschaftskameraden umarmte, dachte er daran, wie weit er es seit den ersten Tagen auf der **Eisbahn in seinem** Heimatort gebracht hatte. Er wusste, dass dieser Moment für immer in ihm bleiben würde - er hatte endlich seinen Traum erreicht.

Otázky na porozumenie

1. Kde korčuľoval Tomáš?

2. S kým korčuľoval Tomáš?

3. Ako voňal vzduch?

4. Ako sa cítil Tomáš, keď prvýkrát vstúpil na ľad?

5. Čo robil Tomáš, keď prišiel domov?

6. Ako sa Tomáš cítil na druhý deň, keď sa vrátil na ľad?

7. Aký bol Tomášov cieľ?

8. O koľko rokov neskôr hral Tomáš na turnaji?

9. Aké bolo konečné skóre zápasu?

10. Na čo myslel Tomáš, keď padali konfety?

Fragen zum Verständnis

1. Wo ist Tomas Schlittschuh gelaufen?

2. Mit wem ist Tomas Schlittschuh gelaufen?

3. Wie hat die Luft gerochen?

4. Wie hat sich Tomas gefühlt, als er das erste Mal das Eis betrat?

5. Was hat Tomas getan, als er nach Hause kam?

6. Wie fühlte sich Tomas am nächsten Tag, als er wieder auf die Eisbahn ging?

7. Was war das Ziel von Tomas?

8. Wie viele Jahre später nahm Tomas an einem Turnier teil?

9. Wie lautete das Endergebnis des Spiels?

10. Woran hat Tomas gedacht, als das Konfetti fiel?

Banská Štiavnica

Banská Štiavnica je malé mesto na strednom Slovensku. Je známe najmä vďaka zachovalej stredovekej architektúre a krásnej prírodnej scenérii. **História** mesta siaha do 13. storočia, keď ho založili nemeckí osadníci. Dnes je Banská Štiavnica obľúbeným turistickým cieľom Slovákov aj cudzincov. Jednou z najobľúbenejších **atrakcií** Banskej Štiavnice je hrad Červený Kameň. Hrad bol postavený v 15. storočí a v priebehu rokov slúžil ako sídlo moci viacerých uhorských **šľachticov.** Dnes sa v ňom nachádza múzeum, ktoré rozpráva o histórii hradu. Návštevníci si z jeho veží môžu vychutnať aj nádherný výhľad na okolitú krajinu. Ďalším obľúbeným turistickým cieľom je Banskoštiavnické banské múzeum.

Múzeum sa nachádza v bývalej **baníckej** škole a predstavuje bohatú históriu baníctva a hutníctva v meste. Návštevníci sa môžu dozvedieť o rôznych metódach používaných na získavanie kovov zo zeme, ako aj vidieť niektoré zariadenia, ktoré sa v tomto období používali. V Banskej Štiavnici sa nachádza aj množstvo **krásnych** parkov a záhrad. Jedným z nich je park Jánosa Bolyaia, ktorý bol pomenovaný po slávnom maďarskom matematikovi, ktorý niekoľko rokov žil v Banskej Štiavnici. V parku sa nachádza

Banská Štiavnica

Banská Štiavnica ist eine kleine Stadt in der Mittelslowakei. Sie ist vor allem für ihre gut erhaltene mittelalterliche Architektur und die schöne Naturlandschaft bekannt. Die **Geschichte** der Stadt reicht bis ins 13. Jahrhundert zurück, als sie von deutschen Siedlern gegründet wurde. Heute ist Banská Štiavnica ein beliebtes Touristenziel für Slowaken und Ausländer gleichermaßen. Eine der beliebtesten **Attraktionen** in Banská Štiavnica ist die Burg Červený Kameň. Das Schloss wurde im 15. Jahrhundert erbaut und diente im Laufe der Jahre mehreren ungarischen **Adligen** als Herrschaftssitz. Heute beherbergt es ein Museum, das die Geschichte des Schlosses erzählt. Von den Türmen aus hat man einen herrlichen Blick auf die **umliegende** Landschaft. Ein weiteres beliebtes Ausflugsziel ist das Bergbaumuseum von Banská Štiavnica.

Das Museum ist in einer ehemaligen Bergbauschule untergebracht und zeigt die reiche Geschichte des Bergbaus und der Metallurgie in der Stadt. Die Besucher können sich über die verschiedenen Methoden zur Gewinnung von Metallen aus der Erde informieren und einige der Geräte sehen, die in dieser Zeit verwendet wurden. In Banská Štiavnica gibt es

socha Bolyaia, ako aj jazierko, pri ktorom si návštevníci môžu oddýchnuť a vychutnať si pokojné prostredie. Ak hľadáte miesto, kde si môžete pochutnať na výbornom jedle, Banská Štiavnica je ideálnym miestom. Mestské **reštaurácie** ponúkajú rôzne tradičné slovenské jedlá, ako aj jedlá medzinárodnej kuchyne. Nachádza sa tu aj niekoľko kaviarní a pekární, kde si môžete vychutnať sladkú pochúťku alebo osviežujúcu šálku kávy.

Či už vás zaujíma história, **príroda,** alebo si len chcete oddýchnuť a vychutnať si dobré jedlo, Banská Štiavnica ponúka niečo pre každého. Prečo teda nenavštíviť toto pôvabné slovenské mesto a nepozrieť sa, čo všetko ponúka? Slnko práve začínalo vykukovať nad obzor a vrhalo teplú **žiaru na** mestečko Banská Štiavnica. Vtáky na stromoch spievali a ľudia sa začínali pohybovať vo svojich domovoch, pretože sa začal ďalší deň. V centre mesta sa skupinka detí hrala na bábiku okolo sochy Jánosa Bolyaia. Smiali sa a vtipkovali, ako pobehovali, bez akejkoľvek starostlivosti.

auch viele **schöne** Parks und Gärten. Einer davon ist der János-Bolyai-Park, der nach einem berühmten ungarischen Mathematiker benannt wurde, der einige Jahre in Banská Štiavnica lebte. Im Park stehen eine Bolyai-Statue und ein Teich, an dem sich die Besucher entspannen und die friedliche Umgebung genießen können. Wenn Sie auf der Suche nach einem Ort sind, an dem Sie leckeres Essen genießen können, ist Banská Štiavnica der perfekte Ort. Die **Restaurants** der Stadt bieten eine Vielzahl von traditionellen slowakischen Gerichten sowie internationale Küche. Außerdem gibt es mehrere Cafés und Bäckereien, in denen Sie eine süße Leckerei oder eine erfrischende Tasse Kaffee genießen können.

Ob Sie sich für Geschichte und **Natur interessieren** oder einfach nur entspannen und gut essen wollen - Banská Štiavnica hat für jeden etwas zu bieten. Warum also nicht dieser charmanten slowakischen Stadt einen Besuch abstatten und sehen, was sie alles zu bieten hat? Die Sonne begann gerade, über den Horizont zu schauen, und warf einen warmen **Schein** über die kleine Stadt Banská Štiavnica. Die Vögel zwitscherten in den Bäumen, und die Menschen begannen, sich in ihren Häusern zu bewegen, da ein neuer Tag begann. Im Stadtzentrum spielte eine Gruppe von Kindern Fangen um die Statue von János Bolyai. Sie lachten und scherzten, während sie rannten, ohne sich um etwas **zu** kümmern.

Otázky na porozumenie

1. Čím je Banská Štiavnica najznámejšia?

2. Kedy bola Banská Štiavnica založená?

3. Čo je hrad Červený Kameň?

4. Čo je Banské múzeum v Banskej Štiavnici?

5. Čo je park Jánosa Bolyaia?

6. Kto bol János Bolyai?

7. Čo nájdete v mestských reštauráciách?

8. Čo robí slnko na začiatku textu?

9. Čo robí skupina detí okolo sochy Jánosa Bolyaia?

10. Čo sa stane s jedným z chlapcov v skupine?

Fragen zum Verständnis

1. Wofür ist Banská Štiavnica am bekanntesten?

2. Wann wurde Banská Štiavnica gegründet?

3. Was ist die Burg Červený Kameň?

4. Was ist das Bergbaumuseum in Banská Štiavnica?

5. Was ist der János Bolyai-Park?

6. Wer war János Bolyai?

7. Was kann man in den Restaurants der Stadt finden?

8. Was macht die Sonne am Anfang des Textes?

9. Was macht die Gruppe von Kindern um die Statue von János Bolyai?

10. Was passiert mit einem der Jungen aus der Gruppe?

Tenis

Slnko nemilosrdne pálilo na tenisový **kurt**. Hráči sa veľmi potili a oblečenie sa im lepilo na telo. Dychčali a lapali po dychu, ale nechceli **prestať**. Toto bol finálový set a ten, kto ho vyhrá, sa stane šampiónom. Obaja hráči boli vyčerpaní, ale odmietali sa vzdať. Pokračovali v súbojoch tam a späť, pričom každý bod bol čoraz rozhodujúcejší. Diváci ich povzbudzovali, ale zdalo sa, že ani jeden z hráčov nepočuje nič okrem zvuku loptičky narážajúcej na ich **raketu**. Nakoniec, po hodinách, ktoré sa zdali byť dlhé, sa jednému z hráčov podarilo šťastným úderom prekonať obranu súpera a vyhrať zápasový bod. **Vyčerpaný** sa zrútil na zem, zatiaľ čo publikum vypuklo v **potlesk**.

Hráčom, ktorý vyhral zápas, bol **mladík** menom John. Tenis hral len niekoľko rokov, ale rýchlo sa stal jedným z najlepších hráčov v krajine. Tento turnaj bol jeho prvým veľkým víťazstvom a mal pocit, že všetka jeho tvrdá práca sa **konečne vyplatila**. Keď odchádzal z kurtu, stretli ho rodičia a priatelia, ktorí mu blahoželali k víťazstvu. V ich **očiach videl** hrdosť a cítil sa vďaka tomu ešte lepšie. Vedel, že toto nebude jeho posledné víťazstvo, ale určite to bol moment, ktorý si bude navždy pamätať. Johnovým súperom bol muž menom Roger. Bol to skúsený **veterán** a tenisu sa venoval

Tennis

Die Sonne brannte erbarmungslos auf den **Tennisplatz** herab. Die Spieler schwitzten stark und ihre Kleidung klebte an ihrem Körper. Sie keuchten und schnappten nach Luft, aber sie wollten nicht **aufhören**. Dies war der letzte Satz, und derjenige, der ihn gewann, würde der Champion sein. Beide Spielerinnen waren erschöpft, aber sie weigerten sich, aufzugeben. Sie kämpften sich weiter vor und zurück, jeder Punkt wurde immer entscheidender. Die Zuschauer feuerten sie an, aber es schien, als ob keiner der beiden Spieler etwas anderes hören konnte als das Geräusch des Balls, der auf seinen **Schläger** traf. Schließlich, nach gefühlten Stunden, gelang es einem der beiden Spieler, mit einem Glücksschlag die gegnerische Abwehr zu überwinden und den Matchball zu gewinnen. Er brach **erschöpft** auf dem Boden zusammen, während die Menge in **Beifall** ausbrach.

Der Spieler, der das Match gewann, war ein junger **Mann** namens John. Er spielte erst seit ein paar Jahren Tennis, aber er hatte sich schnell zu einem der besten Spieler des Landes entwickelt. Dieses Turnier war sein erster großer Sieg, und er hatte das Gefühl, dass sich all seine harte Arbeit **endlich** ausgezahlt hatte. Als er den Platz verließ, kamen ihm seine Eltern und Freunde

väčšinu svojho života. Túto prehru niesol ťažko, ale vedel, že John odohral **vynikajúci** zápas.

Pred odchodom z kurtu zablahoželal Johnovi k víťazstvu a podal mu ruku. Nevedel, či sa mu ešte niekedy podarí Johna poraziť, ale nemienil sa vzdať bez boja. Johnovo víťazstvo na turnaji z neho urobilo známe meno. Zrazu **s** ním začali **robiť rozhovory** všetky hlavné spravodajské agentúry a dokonca ho pozvali do niekoľkých talkshow. Užíval si svoju novonadobudnutú slávu, ale vedel, že to nebude trvať večne. Bol odhodlaný naďalej **vyhrávať** a upevniť si miesto jedného z najlepších tenistov v histórii. Niekoľko mesiacov po svojom veľkom víťazstve sa John opäť stretol s Rogerom na inom turnaji. Tentoraz bol Roger na neho pripravený a podarilo sa mu ho poraziť v priamom súboji. Nebolo to ľahké, ale Rogerovi sa konečne podarilo **pomstiť**.

entgegen, die ihm zu seinem Sieg gratulierten. Er konnte den Stolz in ihren **Augen** sehen, und das gab ihm ein noch besseres Selbstwertgefühl. Er wusste, dass dies nicht sein letzter Sieg sein würde, aber es war definitiv ein Moment, an den er sich immer erinnern würde. Johns Gegner war ein Mann namens Roger. Er war ein erfahrener **Veteran** und spielte schon fast sein ganzes Leben lang Tennis. Diese Niederlage war für ihn schwer zu verkraften, aber er wusste, dass John ein **hervorragendes** Match gespielt hatte.

Er gratulierte John zu seinem Sieg und schüttelte ihm die Hand, bevor er den Platz verließ. Er wusste nicht, ob er John jemals wieder würde schlagen können, aber er hatte nicht vor, kampflos aufzugeben. Johns Sieg im Turnier machte ihn zu einem bekannten Namen. Plötzlich wurde er von allen großen Nachrichtensendern **interviewt**, und er wurde sogar zu einigen Talkshows eingeladen. Er genoss seinen neu gewonnenen Ruhm, aber er wusste, dass er nicht ewig anhalten würde. Er war fest entschlossen, weiter zu **gewinnen** und seinen Platz als einer der größten Tennisspieler der Geschichte zu festigen. Ein paar Monate nach seinem großen Sieg traf John Roger bei einem anderen Turnier wieder. Diesmal war Roger auf ihn vorbereitet und konnte ihn in zwei Sätzen besiegen. Es war nicht einfach, aber Roger hatte endlich seine **Revanche** bekommen.

Otázky na porozumenie

1. Ako sa volal hráč, ktorý vyhral zápas?

2. Koľko rokov hral John tenis, keď vyhral zápas?

3. Čo urobili Johnovi rodičia a priatelia, keď sa s ním stretli po zápase?

4. Ako sa John cítil pri svojej novonadobudnutej sláve?

5. Ako dopadol druhý zápas medzi Johnom a Rogerom?

6. Ako sa cítil Roger po víťazstve v druhom zápase?

7. Čo robili diváci po skončení zápasu?

8. Prečo bol tento zápas taký dôležitý?

9. Čo urobil John po tom, ako vyhral zápas?

10. Aké bolo počas zápasu počasie?

Fragen zum Verständnis

1. Wie lautet der Name des Spielers, der das Spiel gewonnen hat?

2. Wie viele Jahre hatte John bereits Tennis gespielt, als er das Spiel gewann?

3. Was taten Johns Eltern und Freunde, als sie ihn nach dem Spiel trafen?

4. Wie fühlte sich John bei seinem neu erlangten Ruhm?

5. Wie war das Ergebnis des zweiten Spiels zwischen John und Roger?

6. Wie fühlte sich Roger, nachdem er das zweite Spiel gewonnen hatte?

7. Was taten die Zuschauer, als das Spiel zu Ende war?

8. Warum war das Spiel so wichtig?

9. Was hat John getan, nachdem er das Spiel gewonnen hatte?

10. Wie war das Wetter während des Spiels?

Martina Hingisová

Martina Hingisová bola vždy talentovanou **tenistkou**. Začala hrať, keď mala len štyri roky, a keď mala šestnásť, získala už päť grandslamových titulov vo dvojhre. V roku 2007, vo veku tridsať rokov, však Martina oznámila, že končí s profesionálnym tenisom. Mnohí ľudia si mysleli, že to bolo preto, lebo už nedokázala držať krok s **mladšími** hráčkami na turné. Pravdou však je, že Martina už jednoducho nemala vášeň pre tenis. Už niekoľko mesiacov neodohrala **súťažný** zápas, a hoci stále rada chodila na kurt odbíjať loptičky, vedela, že je čas ísť ďalej. Čo teda Martina robila po ukončení profesionálnej tenisovej kariéry? V prvom rade si vzala toľko potrebný čas na oddych! Cestovala po Európe so svojimi priateľmi a rodinou a konečne **spoznala** život mimo sveta súťažného športu.

Bolo to pre ňu osviežujúce a skutočne jej to umožnilo oceniť všetko, čo život ponúka mimo získavania **trofejí**. Nakoniec však Martina opäť začala byť nervózna a uvedomila si, že chce v živote niečo **náročnejšie** ako len pohodové cestovanie alebo odbíjanie loptičiek na miestnych kurtoch. Vtedy sa rozhodla začať trénovať mladých nádejných tenistov. Martina vždy rada pracovala s deťmi a veľmi dobre ich učila základy tenisu. **Rýchlo** si však uvedomila, že trénerstvo nebude také jednoduché, ako si myslela. Tieto deti neustále

Martina Hingis

Martina Hingis war schon immer eine begabte **Tennisspielerin**. Sie begann bereits im Alter von vier Jahren zu spielen, und als sie sechzehn Jahre alt war, hatte sie bereits fünf Grand-Slam-Titel im Einzel gewonnen. Doch 2007, im Alter von dreißig Jahren, gab Martina Hingis ihren Rücktritt vom Profitennis bekannt. Viele dachten, dass sie nicht mehr mit den **jüngeren** Spielerinnen auf der Tour mithalten konnte. Die Wahrheit ist jedoch, dass Martina einfach keine Leidenschaft mehr für das Tennis hatte. Sie hatte seit Monaten kein **Wettkampfspiel mehr** bestritten, und obwohl sie immer noch gerne auf den Platz ging, um ein paar Bälle zu schlagen, wusste sie, dass es an der Zeit war, weiterzumachen. Was tat Martina also, nachdem sie sich vom Profitennis zurückgezogen hatte? Nun, zuallererst nahm sie sich eine dringend benötigte Auszeit! Sie reiste mit ihren Freunden und ihrer Familie durch Europa und lernte endlich das Leben außerhalb des Leistungssports **kennen**.

Das war erfrischend für sie und ermöglichte es ihr, all das zu schätzen, was das Leben neben dem Gewinnen von **Trophäen zu** bieten hat. Irgendwann wurde Martina jedoch wieder unruhig und ihr wurde klar, dass sie etwas **Anspruchsvolleres** in ihrem Leben wollte als nur gemütlich zu reisen oder auf lokalen Plätzen Bälle

skúšali jej trpezlivosť a tlačili na jej pílu! Martina však vytrvala, pretože vedela, že ak sa jej podarí pomôcť aspoň jednému z týchto detí rozvinúť ich **potenciál**, všetko to nakoniec bude stáť za to.

A po niekoľkých mesiacoch tvrdej práce sa u jedného z jej **študentov** začali prejavovať skutočné pokroky. Volal sa Tim a mal len dvanásť rokov, ale mal obrovský talent. Martina s Timom úzko spolupracovala, pomáhala mu dolaďovať jeho zručnosti a rozvíjať stratégiu na **kurte**. Zároveň mu vštepovala dôležitosť športového správania a to, ako elegantne zvládať výhru či prehru. Nakoniec, po mesiacoch príprav, Tim nastúpil na svoj prvý juniorský turnaj... a vyhral ho! Pre Martinu aj Tima to bol **neuveriteľný** pocit a spoločne oslavovali ako skutoční šampióni. Martinina trénerská kariéra pokračovala v rozkvete a čoskoro mala na zozname študentov, ktorí nielen vyhrávali turnaje, ale získavali aj národné **uznanie**. Rýchlo sa stala jednou z najvyhľadávanejších tréneriek v **krajine**.

zu schlagen. Da beschloss sie, junge aufstrebende
Tennisspieler zu trainieren. Martina hatte schon immer
gerne mit Kindern gearbeitet, und sie war wirklich gut
darin, ihnen die Grundlagen des Tennis beizubringen.
Aber sie merkte **schnell, dass das** Trainieren nicht
so einfach sein würde, wie sie dachte. Diese Kinder
stellten ihre Geduld ständig auf die Probe und brachten
sie auf die Palme! Aber Martina blieb hartnäckig, denn
sie wusste, wenn sie nur einem dieser Kinder helfen
könnte, sein **Potenzial auszuschöpfen**, würde sich das
Ganze am Ende lohnen.

Und tatsächlich, nach ein paar Monaten harter Arbeit
zeigte einer ihrer **Schüler** echte Fortschritte. Sein Name
war Tim, und er war erst zwölf Jahre alt, aber er hatte
so viel Talent. Martina arbeitete eng mit Tim zusammen
und half ihm, seine Fähigkeiten zu verfeinern und seine
Strategie auf dem **Platz** zu entwickeln. Sie vermittelte
ihm auch, wie wichtig Sportlichkeit ist und wie man
mit einem Sieg oder einer Niederlage elegant umgeht.
Nach monatelanger Vorbereitung nahm Tim schließlich
an seinem ersten Juniorenturnier teil ... und gewann!
Das war ein **unglaubliches** Gefühl für Martina und Tim,
und sie feierten gemeinsam wie wahre Champions.
Martinas Trainerkarriere blühte weiter auf, und schon
bald hatte sie eine Reihe von Schülern, die nicht nur
Turniere gewannen, sondern auch auf nationaler Ebene
Anerkennung fanden. Sie wurde schnell zu einer der
begehrtesten Trainerinnen des **Landes**.

Otázky na porozumenie

1. Čo bolo hlavným dôvodom odchodu Martiny Hingisovej z profesionálneho tenisu?

2. Ako sa Martina cítila, keď začínala trénovať?

3. Prečo bol Tim pre Martinu špeciálnym študentom?

4. Ako Martina pomohla Timovi pripraviť sa na turnaje?

5. Ako dopadol Timov prvý juniorský turnaj?

6. Aká je teraz Martinina trénerská kariéra?

7. Koľko grandslamových titulov vo dvojhre získala Martina do svojich šestnástich rokov?

8. Čo robila Martina po skončení profesionálneho tenisu?

9. Aký bol pocit pre Martinu a Tima, keď Tim vyhral svoj prvý juniorský turnaj?

10. Akú vec vštepila Martina Timovi?

Fragen zum Verständnis

1. Was war der Hauptgrund für Martina Hingis' Rücktritt vom Profitennis?

2. Wie fühlte sich Martina, als sie mit dem Coaching begann?

3. Warum war Tim für Martina ein besonderer Schüler?

4. Wie hat Martina Tim geholfen, sich auf Turniere vorzubereiten?

5. Was war das Ergebnis von Tims erstem Juniorenturnier?

6. Wie sieht Martinas Trainerkarriere jetzt aus?

7. Wie viele Grand-Slam-Titel im Einzel hat Martina bis zu ihrem sechzehnten Lebensjahr gewonnen?

8. Was hat Martina gemacht, nachdem sie sich vom Profitennis zurückgezogen hat?

9. Was war das für ein Gefühl für Martina und Tim, als Tim sein erstes Juniorenturnier gewann?

10. Was war eine Sache, die Martina Tim beigebracht hat?

Na pláži

Po východe slnka sú vlny hlasnejšie a piesok nad prílivom je biely. Schádzam na pláž a **obdivujem** more a slnko. Moje prsty na nohách cítia ryhy mušlí. Piesok ma studí na prstoch. Usmejem sa a pokračujem ďalej. Príliv je vysoký, takže si musím dávať pozor, aby ma nevtiahol dnu. Kráčam po brehu a obdivujem more. Východ slnka je **nádherný a** vlny sa rozbíjajú. Cítim sa taká pokojná. Prichádzam na miesto, kde je skalný výbežok. Sadnem si a pozorujem vlny. Voda je taká modrá a obloha taká **oranžová**. Cítim sa ako vo sne. Zavriem oči a len tak počúvam vlny. Dlho som tam sedela, až kým som nepočula, ako niekto volá moje meno.

Otvorím oči a vidím mamu, ako ku mne kráča. V tvári má ustarostený výraz. Usmejem sa a zamávam jej a ona **sa uvoľní**. "Rozmýšľala som, kam si išla," hovorí. "Som rada, že sa ti na pláži páči." Odpovedám: "Áno." "Je tu tak krásne." "Ja viem," povie. "Keď som bola v tvojom veku, chodievala som sem stále." "Naozaj?" Spýtam sa. "Áno," odpovie. "Je to výnimočné miesto." "Stretla si tu niekedy niekoho výnimočného?" Pýtam sa. "Stretla," odpovie s úsmevom. "Tvojho otca." "Naozaj?" Poviem **prekvapene**. "Áno," povie. "Chodievali sme sem spolu stále. Tu sme sa do seba zamilovali. "

Am Strand

Nach Sonnenaufgang sind die Wellen lauter und der Sand über der Flut ist weiß. Ich gehe hinunter zum Strand, **bewundere** das Meer und die Sonne. Meine Zehen spüren die Rillen der Muscheln. Der Sand ist kalt an meinen Zehen. Ich lächle und gehe weiter. Die Flut ist hoch, also muss ich aufpassen, dass ich nicht hineingezogen werde. Ich laufe am Ufer entlang und bewundere das Meer. Der Sonnenaufgang ist **wunderschön**, und die Wellen plätschern. Ich fühle mich so friedlich. Ich komme zu einer Stelle, an der ein Felsvorsprung steht. Ich setze mich hin und beobachte die Wellen. Das Wasser ist so blau und der Himmel ist so **orange**. Ich fühle mich wie in einem Traum. Ich schließe die Augen und lausche einfach nur den Wellen. Ich saß lange Zeit dort, bis ich hörte, wie jemand meinen Namen rief.

Ich öffne meine Augen und sehe meine Mutter auf mich zukommen. Sie hat einen besorgten Ausdruck im Gesicht. Ich lächle und winke, und sie **entspannt sich**. "Ich habe mich schon gefragt, wo du bist", sagt sie. "Ich freue mich, dass du den Strand genießt." Ich antworte: "Das tue ich." "Es ist so schön hier." "Ich weiß", sagt sie. "Als ich in deinem Alter war, bin ich ständig hierhergekommen." "Wirklich?" frage ich. "Ja",

Usmejem sa a **predstavím si, ako sa** moji rodičia zamilovali na tejto krásnej pláži. "Je to výnimočné miesto," zopakuje. "Som rada, že si sem dnes prišiel."

Ešte chvíľu tam sedíme a **pozorujeme** vlny a západ slnka. Potom vstaneme a vrátime sa k našim plážovým uterákom. Ľahnem si a pozerám na hviezdy. Cítim sa taká šťastná a spokojná. Vlny sú teraz hlasnejšie a piesok je studený. Slnko zapadá a fúka chladný vánok. Vlny sa rozbíjajú o breh a vo vzduchu je cítiť vôňu soli. Je to dokonalý večer na to, aby sme boli na pláži. Prechádzam sa po pobreží, **počúvam** šumenie vĺn a pozorujem západ slnka. Vidím skupinu ľudí, ktorí sedia na piesku, smejú sa a vtipkujú. Vyzerajú, že sa výborne bavia. Pristúpim k nim a spýtam sa, či sa k nim môžem pridať. Súhlasia a zvyšok večera sa rozprávame, smejeme a sledujeme **západ slnka**. Je to dokonalý večer. So skupinou sa rozprávame až do západu slnka.

antwortet sie. "Es ist ein besonderer Ort.""Hast du hier jemals jemand Besonderen getroffen?" frage ich. "Ja", antwortet sie mit einem Lächeln. "Deinen Vater." "Wirklich?" sage ich **erstaunt**. "Ja", sagt sie. "Wir waren früher immer zusammen hier. Hier haben wir uns verliebt. "Ich lächle und **stelle mir** meine Eltern **vor, wie sie sich** an diesem schönen Strand verlieben. "Es ist ein besonderer Ort", wiederholt sie. "Ich bin froh, dass du heute hierher gekommen bist."

Wir sitzen noch eine Weile da und **beobachten** die Wellen und den Sonnenuntergang. Dann stehen wir auf und gehen zurück zu unseren Strandtüchern. Ich lege mich hin und schaue mir die Sterne an. Ich fühle mich so glücklich und zufrieden. Die Wellen sind jetzt lauter, und der Sand ist kalt. Die Sonne geht unter und eine kühle Brise weht. Die Wellen schlagen gegen das Ufer, und der Geruch von Salz liegt in der Luft. Es ist ein perfekter Abend, um am Strand zu sein. Ich spaziere am Ufer entlang, **lausche dem** Rauschen der Wellen und beobachte den Sonnenuntergang. Ich sehe eine Gruppe von Leuten, die lachend und scherzend im Sand sitzen. Sie sehen aus, als hätten sie eine tolle Zeit. Ich gehe zu ihnen hin und frage, ob ich mich zu ihnen setzen darf. Sie sagen ja, und wir verbringen den Rest des Abends damit, uns zu unterhalten, zu lachen und den **Sonnenuntergang** zu beobachten. Es ist ein perfekter Abend. Die Gruppe und ich unterhalten uns, bis die Sonne untergeht.

Otázky na porozumenie

1. Kam ide rozprávač po prebudení?

2. Čo rozprávač obdivuje, keď sa prechádza po pláži?

3. Na čo si musí rozprávač dávať pozor, keď sa prechádza po pláži?

4. Kam si rozprávač sadne, aby si vychutnal výhľad?

5. Ako dlho tam rozprávač sedí?

6. Koho vidí rozprávač, keď opäť otvorí oči?

7. Čo hovorí matka rozprávača?

8. O čom sa rozpráva rozprávač a ľudia, ktorých stretáva?

Fragen zum Verständnis

1. Wohin geht die Erzählerin, nachdem sie aufgewacht ist?

2. Was bewundert die Erzählerin, während sie am Strand entlanggeht?

3. Worauf muss die Erzählerin aufpassen, wenn sie am Strand entlanggeht?

4. Wo setzt sich der Erzähler hin, um die Aussicht zu genießen?

5. Wie lange sitzt der Erzähler dort?

6. Wen sieht die Erzählerin, als sie ihre Augen wieder öffnet?

7. Was sagt die Mutter des Erzählers?

8. Worüber sprechen die Erzählerin und die Menschen, die sie trifft?

Kempovanie pri jazere

Kráčam k jazeru a **obdivujem** pokojnú scenériu. Na malé jazero dopadá slnko, takže voda vyzerá ako sklenená tabuľa. Jediným pohybom je občasné zvlnenie, ktoré spôsobí ryba **rozrážajúca** hladinu. Zdá sa, že aj vtáky si oddýchli od horúčavy, vzduchom sa rozlieha len šum cikád. **Zrazu** pokoj naruší hlasné špliechanie. Z vody vyskočila veľká **ryba a** snažila sa chytiť vážku. Ryba minula svoj cieľ a so špliechaním spadla späť do vody. "Páni," pomyslím si, "to bola veľká ryba!" Obzrel som sa okolo seba, či ju nevidel niekto iný, ale nikto nebol nablízku. Asi im to budem musieť povedať, keď sa vrátim do tábora.

Horúčava je **ťaživá,** ťažko sa dýcha. Vzduch je hustý a ťažký ako deka, ktorá vás obklopuje. Jediná úľava je vo vode. Je chladivá a osviežujúca, ako studený nápoj v horúcom dni. Zhlboka sa nadýchnem a ponorím sa do vody. Úľava je okamžitá, keď ma obklopí chladná voda. Plávam až na dno a potom sa vraciam na hladinu a cítim, ako mi voda ochladzuje telo. Pokračujem v **plávaní a** užívam si oddych od horúčavy. Po chvíli vyleziem z vody a ľahnem si na trávu, aby mi slnko osušilo telo. Zavriem oči a zaspím, zvuk **cikád** ma ukolíše do hlbokého spánku. Nechávam slnko, aby

Camping am See

Ich gehe auf den See zu und **bewundere** die Ruhe, die hier herrscht. Die Sonne brennt auf den kleinen See und lässt das Wasser wie eine Glasscheibe aussehen. Die einzige Bewegung ist das gelegentliche Plätschern eines Fisches, der die Oberfläche durchbricht. Selbst die Vögel scheinen sich von der Hitze zu erholen, denn nur das Zirpen der Zikaden erfüllt die Luft. **Plötzlich wird** die Ruhe durch ein lautes Plätschern unterbrochen. Ein großer **Fisch ist aus dem** Wasser gesprungen und versucht, eine Libelle zu fangen. Der Fisch verfehlt sein Ziel und fällt mit einem Platschen zurück ins Wasser. "Wow", denke ich mir, "das war ein großer Fisch!". Ich schaue mich um, um zu sehen, ob ihn noch jemand gesehen hat, aber es ist niemand da. Ich werde es ihnen wohl erzählen müssen, wenn ich zum Camp zurückkehre.

Die Hitze ist **drückend** und macht das Atmen schwer. Die Luft ist dick und schwer, wie eine Decke, die einen einhüllt. Die einzige Erleichterung bietet das Wasser. Es ist kühl und erfrischend, wie ein kaltes Getränk an einem heißen Tag. Ich atme tief ein und tauche ins Wasser ein. Die Erleichterung tritt sofort ein, als mich das kühle Wasser umgibt. Ich schwimme auf den Grund

mi z pokožky vypieklo vodu. Cítim, ako sa mi pokožka červená, ale je mi to jedno. Je mi príliš horúco na to, aby mi na tom záležalo. vzápätí si uvedomím, že slnko zapadá. Obloha je nádherne oranžová s pruhmi ružovej a fialovej. Horúčava je preč, nahradil ju chladný **vánok**.

Vstávam a obliekam sa, cítim sa svieža a omladená. Zhlboka **sa nadýchnem** chladného vzduchu a usmejem sa. Je to dobrý pocit byť nažive. Vraciam sa späť do kempu a obdivujem, ako na oblohe tancujú farby. V diaľke vidím horieť táborák a vo vzduchu cítim dym. Usmejem sa a **zrýchlim** krok. Som pripravená oddýchnuť si a užiť si zvyšok večera. Vchádzam do táboriska a vidím, že všetci sú zhromaždení okolo ohňa. **Smejú sa** a vtipkujú a ja vidím, ako sa im oheň odráža v očiach. Usmejem sa a sadnem si vedľa svojich priateľov. Je dobré byť späť.

und dann wieder an die Oberfläche und spüre, wie das Wasser meinen Körper kühlt. Ich **schwimme** weiter meine Runden und genieße die Abkühlung von der Hitze. Nach einer Weile steige ich aus dem Wasser und lege mich ins Gras, damit die Sonne meinen Körper trocknen kann. Ich schließe die Augen und schlafe ein. Das **Zirpen der Zikaden** wiegt mich in einen tiefen Schlaf. Ich lasse die Sonne das Wasser aus meiner Haut brennen. Ich spüre, wie meine Haut rot wird, aber es ist mir egal. Mir ist zu heiß, als dass es mir etwas ausmachen würde, und schon geht die Sonne unter. Der Himmel färbt sich orange mit rosa und violetten Reflexen. Die Hitze ist verschwunden und wird durch eine kühle **Brise** ersetzt.

Ich stehe auf und ziehe mich wieder an, fühle mich erfrischt und verjüngt. Ich **atme** tief die kühle Luft ein und lächle. Es ist ein gutes Gefühl, lebendig zu sein. Ich laufe zurück zum Campingplatz und bewundere, wie die Farben am Himmel tanzen. In der Ferne sehe ich das Lagerfeuer brennen und kann den Rauch in der Luft riechen. Ich lächle und **beschleunige** mein Tempo. Ich bin bereit, mich zu entspannen und den Rest des Abends zu genießen. Ich betrete den Lagerplatz und sehe, dass alle um das Feuer versammelt sind. Sie **lachen** und scherzen, und ich kann sehen, wie sich das Feuer in ihren Augen spiegelt. Ich lächle und setze mich neben meine Freunde. Es ist schön, wieder hier zu sein.

Otázky na porozumenie

1. Kam ide chodec?

2. Aké je počasie?

3. Ako vyzerá voda?

4. Ako chodec reaguje na teplo?

5. Čo robí ryba?

6. Prečo je chodec sám?

7. Aký je pocit z vody?

8. Ako sa chodec cíti po plávaní?

9. V ktorú dennú hodinu sa chodec zobudí?

10. Kam ide chodec, keď opustí tábor?

Fragen zum Verständnis

1. Wohin geht der Wanderer?

2. Was für ein Wetter ist es?

3. Wie sieht das Wasser aus?

4. Wie reagiert der Wanderer auf die Hitze?

5. Was macht der Fisch?

6. Warum ist der Wanderer allein?

7. Wie fühlt sich das Wasser an?

8. Wie fühlt sich der Wanderer nach dem Schwimmen?

9. Zu welcher Tageszeit wacht der Wanderer auf?

10. Wohin geht der Wanderer, wenn er das Lager verlässt?

Dom

Minulý týždeň som sa presťahovala do svojho nového domu a veľmi **sa teším**! Je oveľa väčší ako môj starý a má veľký dvor. Nemôžem sa dočkať, až k nám budú chodiť priatelia na grilovačky a večierky. Mojou **najobľúbenejšou** časťou je moja nová spálňa. Je taká veľká a svetlá a mám v nej veľa miesta na všetky svoje veci. Som naozaj spokojná so svojím novým domom a myslím, že tu budem veľmi šťastná. Rozhodla som sa, že dom ešte trochu preskúmam. Vyšiel som na druhé poschodie a začal som sa uberať do kuchyne, keď som na stene uvidel veľkého čierneho pavúka! Vykríkla som a utekala dolu. Bola som taká **vystrašená**! Ale po niekoľkých minútach som sa upokojil a rozhodol som sa vrátiť na poschodie. Pomaly som sa dostala do kuchyne a videla som, že pavúk je preč. Tak veľmi sa mi uľavilo! Vrátil som sa dolu a rozhodol som sa ísť von preskúmať **dvor**. Bol taký veľký! Nemohla som tomu uveriť. V rohu som uvidela hojdačku a šmýkačku. Videla som aj basketbalovú sieť a **trampolínu**. Bol som taký nadšený!

Nemôžem sa dočkať, až budem môcť používať všetky tieto nové veci. **Susedia** prišli a predstavili sa. Vyzerali veľmi milo a chvíľu sme sa rozprávali. Pozvali ma na budúci víkend na grilovačku a ja som povedal, že rád prídem. Prvý týždeň v novom dome bol skvelý a teším

Das Haus

Letzte Woche bin ich in mein neues Haus eingezogen, und ich bin so **aufgeregt**! Es ist viel größer als mein altes, und es hat einen großen Garten. Ich kann es kaum erwarten, Freunde zum Grillen und für Partys einzuladen. Mein Lieblingsteil ist mein neues Schlafzimmer. Es ist so groß und hell, und ich habe jede Menge Platz, um all meine Sachen unterzubringen. Ich bin wirklich glücklich mit meinem neuen Haus und denke, dass ich hier sehr glücklich sein werde. Ich beschloss, das Haus noch ein bisschen zu erkunden. Ich ging nach oben in den zweiten Stock und machte mich auf den Weg in die Küche, als ich eine große schwarze Spinne an der Wand sah! Ich schrie auf und rannte die Treppe hinunter. Ich war so **erschrocken**! Aber nach ein paar Minuten beruhigte ich mich und beschloss, wieder nach oben zu gehen. Langsam machte ich mich auf den Weg in die Küche und sah, dass die Spinne weg war. Ich war so erleichtert! Ich ging wieder nach unten und beschloss, nach draußen zu gehen, um den **Garten zu** erkunden. Sie war so groß! Ich konnte es nicht glauben. Ich sah eine Schaukel in der Ecke und eine Rutsche. Ich sah auch ein Basketballnetz und ein **Trampolin**. Ich war so aufgeregt!

Ich kann es kaum erwarten, all diese neuen Sachen

sa na všetky nové dobrodružstvá, ktoré ma čakajú. Dnes sa opäť chystám preskúmať dvor a zistiť, čo ešte nájdem. Kto vie, možno nájdem aj nejaký **poklad**. Už sa neviem dočkať, čo prinesie nasledujúci týždeň! Nasledujúci týždeň som sa opäť vydal na prieskum na dvor a našiel som **tajnú** záhradu. Bola taká krásna! Všade boli kvety a malé jazierko s rybami. Videla som aj hojdačku, ktorú som predtým nevidela. Bola som taká nadšená, že som našla túto tajnú záhradu, a už sa neviem dočkať, kedy ju budem môcť preskúmať viac. Bola taká **krásna**!

Všade boli kvety a malé jazierko s rybami. Videl som aj hojdačku, ktorú som predtým nevidel. Bola som taká nadšená, že som našla túto tajnú záhradu, a už sa neviem dočkať, kedy ju budem môcť preskúmať viac. Páčila sa mi aj moja nová izba. Bola taká veľká a svetlá a na stenách už boli plagáty mojich obľúbených skupín.

zu benutzen. Die **Nachbarn** kamen vorbei und stellten sich vor. Sie schienen wirklich nett zu sein, und wir unterhielten uns eine Weile. Sie luden mich zu ihrem Grillfest am nächsten Wochenende ein, und ich sagte, dass ich gerne kommen würde. Ich hatte eine tolle erste Woche in meinem neuen Haus und freue mich auf all die neuen Abenteuer, die vor mir liegen. Heute werde ich wieder im Garten auf Entdeckungstour gehen und sehen, was ich noch alles finden kann. Wer weiß, vielleicht finde ich ja sogar einen **Schatz**. Ich kann es kaum erwarten, zu sehen, was die nächste Woche bringt! In der nächsten Woche bin ich wieder im Garten auf Entdeckungsreise gegangen und habe einen **geheimen** Garten gefunden. Er war so schön! Überall waren Blumen und ein kleiner Teich mit Fischen drin. Ich habe auch eine Schaukel gesehen, die ich vorher noch nie gesehen hatte. Ich war so aufgeregt, diesen geheimen Garten zu finden, und ich kann es kaum erwarten, ihn weiter zu erkunden. Er war so **schön**!

Überall gab es Blumen und einen kleinen Teich mit Fischen darin. Ich sah auch eine **Schaukel**, die ich vorher noch nicht gesehen hatte. Ich war so aufgeregt, diesen geheimen Garten zu finden, und ich kann es kaum erwarten, ihn weiter zu erkunden. Mein neues Zimmer hat mir auch gut gefallen. Es war so groß und hell, und an den Wänden hingen bereits Poster von meinen Lieblingsbands.

Otázky na porozumenie

1. Kde daná osoba žije?

2. Ako sa mu páči v novom dome?

3. Aká je obľúbená časť nového domu?

4. Čo našiel človek v záhrade?

5. Kto sú susedia?

6. Aké boli prvé dni v novom dome?

7. Aká je obľúbená časť novej izby?

8. Čo plánuje táto osoba robiť zajtra?

9. Čo bolo najlepšie na prvom týždni v novom dome?

10. Čo všetko sa nachádza v novej izbe tejto osoby?

Fragen zum Verständnis

1. Wo wohnt die Person?

2. Wie gefällt es der Person im neuen Haus?

3. Was gefällt der Person am besten an ihrem neuen Haus?

4. Was hat die Person im Garten gefunden?

5. Wer sind die Nachbarn?

6. Wie hat sich die Person in den ersten Tagen in der neuen Wohnung gefühlt?

7. Was gefällt der Person am besten an ihrem neuen Zimmer?

8. Was plant die Person morgen zu tun?

9. Was war das Beste an der ersten Woche im neuen Haus?

10. Was befindet sich alles in dem neuen Zimmer der Person?

Vo vlaku

Bežala som na vlakovú stanicu, ale prišla som neskoro. Vlak už odišiel bezo mňa. Cítila som sa taká **nahnevaná** a **sklamaná** sama zo seba. Plánovala som ísť vlakom na návštevu starých rodičov, ktorí žijú na vidieku, ale teraz som musela čakať celú hodinu na ďalší vlak. Namiesto toho som sa rozhodla, že sa budem chvíľu prechádzať po meste, a snažila som sa zabudnúť na svoju premárnenú príležitosť. Počas prechádzky som začal **snívať o** všetkých miestach, kam vás **vlak** môže zaviesť. Zrazu som už nebol taký rozrušený. Vrátil som sa na stanicu a nemohol som si nevšimnúť veľkú červeno-bielo-modrú lokomotívu, ktorá si razí cestu ku mne. Až keď vidím **sprievodcu, ako na** mňa máva z okna, uvedomím si, že tento vlak je určený pre mňa. Nastúpim do vlaku, nájdem si miesto a usadím sa na miesto, ktoré sľubuje dlhú cestu.

Keď vychádzame zo stanice, nemôžem si pomôcť a premýšľam, kam ma tento vlak zavezie. Cez zelené **polia** a cez modré rieky, okolo hôr a údolí, nevedno, kam tento starý vlak pôjde. Keď sa začne stmievať, upadám do **pokojného** spánku, ukolísaný **rytmickým** pohybom vagónov na koľajniciach pod nami. Keď opäť nastane ráno, otvorím oči a zistím, že sme dorazili do malého mestečka kdesi uprostred ničoho. Slnko práve

Im Zug

Ich rannte zum Bahnhof, aber ich war zu spät. Der Zug war bereits ohne mich abgefahren. Ich war so **wütend** und **enttäuscht** von mir selbst. Ich hatte geplant, mit dem Zug meine Großeltern zu besuchen, die auf dem Land leben, aber jetzt würde ich eine ganze Stunde auf den nächsten Zug warten müssen. Ich beschloss, stattdessen eine Weile durch die Stadt zu laufen und versuchte, die verpasste Gelegenheit zu vergessen. Beim Spazierengehen begann ich von all den Orten zu **träumen, an die man mit dem Zug** gelangen kann. Plötzlich war ich nicht mehr so verärgert. Ich gehe zurück in den Bahnhof und kann nicht umhin, die große rot-weiß-blaue Lokomotive zu bemerken, die auf mich zu tuckert. Erst als ich den **Schaffner** sehe, der mir aus dem Fenster zuwinkt, wird mir klar, dass dieser Zug für mich bestimmt ist. Ich steige ein, suche mir einen Sitzplatz und mache mich auf eine lange Reise gefasst.

Als wir aus dem Bahnhof fahren, frage ich mich, wohin dieser Zug mich wohl bringen wird. Durch grüne **Felder** und über blaue Flüsse, vorbei an Bergen und Tälern - man weiß nie, wohin dieser alte Zug fahren wird. Als die Nacht hereinbricht, falle ich in einen **friedlichen** Schlaf, der von der **rhythmischen** Bewegung der Waggons auf den Gleisen unter mir eingelullt wird. Als

vykukuje nad obzor, keď sa miestni obyvatelia začínajú motať po hlavnej ulici; vyzerá to tu ako každý iný deň, až na jednu vec - pri radnici je vyvesená veľká tabuľa s nápisom "Vitajte na palube!" Zdá sa, že toto mestečko nás už dlho očakáva, hoci sme len obyčajný **osobný** vlak, ktorý tadiaľto prechádza na svojej ceste. Keď opäť nechávame mesto za sebou a rútime sa ktovie kam, usmievam sa na všetky tie priateľské tváre, ktoré nám mávajú na rozlúčku z tých malých domčekov učupených medzi **poľnohospodárskymi pozemkami** - je naozaj úžasné, ako niečo také zdanlivo obyčajné môže priniesť toľko radosti už len tým, že tadiaľ prechádzame. A potom sú tu, samozrejme, **deti**.

Vykloním sa z okna svojej lokomotívy. Vždy ma potešia svojimi žiariacimi očami a veľkými úsmevmi. Energicky som im zamávala späť, kým som sa vrátila do svojej **kabíny** a posadila sa. Bol to už dlhý deň, ale ešte sa neskončil; do **cieľa** našej cesty zostáva ešte niekoľko hodín. Vytiahnem si knihu a začnem čítať, nechám sa rytmickým hojdaním vlaku ukolísať do pokojného stavu.

ich am nächsten Morgen die Augen öffne, sehe ich,
dass wir in einer kleinen Stadt irgendwo im Nirgendwo
angekommen sind. Die Sonne lugt gerade über den
Horizont, als die Einheimischen beginnen, sich auf
der Hauptstraße zu bewegen. Es sieht aus wie jeder
andere Tag hier, bis auf eine Ausnahme: In der Nähe
des Rathauses steht ein großes Schild mit der Aufschrift
"Willkommen an Bord! Es scheint, als hätte diese kleine
Stadt uns erwartet, obwohl wir nur ein gewöhnlicher
Personenzug sind, der auf dem Weg zu einem anderen
Ziel durchfährt. Als wir die Stadt wieder hinter uns
lassen und in Richtung wer weiß wohin tuckern, lächle
ich über all die freundlichen Gesichter, die uns aus
den kleinen Häusern zwischen den **Feldern** zuwinken
- **es ist** wirklich erstaunlich, wie etwas so scheinbar
Alltägliches so viel Freude bereiten kann, wenn man
einfach durchfährt. Und dann sind da natürlich noch die
Kinder.

Ich lehne mich aus dem Fenster meiner Lokomotive.
Mit ihren leuchtenden Augen und ihrem breiten Grinsen
machen sie mich immer so glücklich. Ich winke ihnen
energisch zu, bevor ich in mein **Abteil** zurückkehre
und mich setze. Es war schon ein langer Tag, aber er
ist noch nicht zu Ende; es sind noch ein paar Stunden,
bis wir unser endgültiges **Ziel** erreichen. Ich ziehe mein
Buch heraus und beginne zu lesen, während mich das
rhythmische Schaukeln des Zuges in einen friedlichen
Zustand versetzt.

Otázky na porozumenie

1. Kam ide vlak?

2. Kto cestuje vlakom?

3. Kedy odchádza vlak?

4. Ako sa hlavný hrdina dostane do vlaku?

5. Odkiaľ prichádza vlak?

6. Kam pôjde vlak ďalej?

7. Kedy dorazili cestujúci?

8. Ako sa cíti hlavný hrdina, keď mu ujde vlak?

9. Ako reaguje rušňovodič, keď uvidí hlavného hrdinu?

Fragen zum Verständnis

1. Wohin fährt der Zug?

2. Wer reist mit dem Zug?

3. Wann fährt der Zug ab?

4. Wie kommt der Protagonist in den Zug?

5. Woher kommt der Zug?

6. Wohin fährt der Zug als nächstes?

7. Wann sind die Passagiere angekommen?

8. Wie fühlt sich der Protagonist, als er den Zug verpasst?

9. Wie reagiert der Zugführer, als er den Protagonisten sieht?

Varenie večere

Je päť hodín popoludní a ja idem domov z práce. **Teším sa na** pokojný večer doma s partnerom. Spoločne si uvaríme večeru a potom budeme po zvyšok večera len relaxovať. Je príjemné vedieť, že dnes **večer** nemám žiadne plány ani povinnosti. Prídem domov a môj partner je už v kuchyni a začína pripravovať našu večeru. **Úžasne** to tu vonia! Počas varenia sa rozprávame, dohovárame si o svojich dňoch a zdieľame malé príbehy z nášho pracovného života. Kuchyňa je moja najobľúbenejšia miestnosť v našom byte. Milujem varenie a obzvlášť rada varím so svojím partnerom. Vždy sa tu dobre bavíme, smejeme sa a vtipkujeme, kým varíme. Navyše, keď pracujeme **spolu,** jedlo je vždy **neuveriteľné**.

Dnes večer pripravujeme jeden z mojich najobľúbenejších receptov: **kuracie** mäso s parmezánom. Môj partner začne s obaľovaním kurčaťa, zatiaľ čo ja dám variť omáčku na **sporáku.** Pracujeme spolu ako dobre namazaný stroj a o chvíľu je večera pripravená na podávanie. Sadneme si k nášmu malému kuchynskému stolu s **taniermi** plnými kuracieho parmezánu, cestovín a šalátu. Cinkneme pohármi a zoberieme si prvé sústo - a je to **božské!** Kura je zvonka chrumkavé, ale vnútri šťavnaté, omáčka

Abendessen kochen

Es ist jetzt 17 Uhr und ich gehe von der Arbeit nach Hause. Ich freue **mich** auf einen ruhigen Abend zu Hause mit meinem Partner. Wir werden gemeinsam kochen und uns dann den Rest des Abends entspannen. Es ist ein gutes Gefühl, zu wissen, dass ich heute **Abend** keine Pläne oder Verpflichtungen habe. Als ich zu Hause ankomme, steht mein Partner bereits in der Küche und beginnt mit der Zubereitung unseres Abendessens. Es riecht **fantastisch** hier drin! Während wir kochen, plaudern wir über den Tag des anderen und erzählen uns kleine Geschichten aus unserem Arbeitsleben. Die Küche ist mein Lieblingsraum in unserer Wohnung. Ich liebe es zu kochen, und ganz besonders liebe ich es, mit meinem Partner zu kochen. Wir haben immer so viel Spaß hier drin, lachen und scherzen, während wir kochen. Außerdem ist das Essen immer **unglaublich**, wenn wir **zusammen** arbeiten.

Heute Abend machen wir eines meiner absoluten Lieblingsrezepte: **Hähnchen** Parmesan. Mein Partner beginnt mit dem Panieren des Hähnchens, während ich die Soße auf dem **Herd** zum Kochen bringe. Wir arbeiten zusammen wie eine gut geölte Maschine, und schon bald ist das Abendessen servierfertig. Wir

je aromatická a dokonalá, cestoviny sú uvarené al dente... dnes večer chutí všetko úplne dokonale. Obaja vieme, že toto bol jeden z tých večerov, keď sa všetko dokonale zladilo a my **si vychutnávame** každé sústo nášho lahodného jedla. Chutilo to ešte lepšie, ako to voňalo - čo bolo sakra dobré! Jedlo dojeme pomerne rýchlo, pretože ani jeden z nás dnes nie je obzvlášť hladný, ale neponáhľame sa a vychutnávame si ešte niekoľko **pohárov** vína, pričom sa zľahka rozprávame na tú a tú tému. Po večeri spoločne rýchlo upratujeme a potom sa presunieme do obývačky, kde strávime nejaký čas **objatím** na gauči pri sledovaní televízie.

Je to taký príjemný pocit byť si nablízku po dlhom dni strávenom v **práci**. Cítim sa spokojná. Aj keď sme nemali rušný večer, bolo príjemné stráviť spolu nejaký čas bez toho, aby sme museli opustiť dom. Pozreli sme si film a išli sme skoro spať s pocitom **spokojnosti s** našou jednoduchou nocou.

setzen uns an unseren kleinen Küchentisch mit **Tellern voller** Hähnchen Parmesan, Nudeln und Salat. Wir stoßen mit den Gläsern an und nehmen unseren ersten Bissen - und der ist **himmlisch**! Das Hähnchen ist außen knusprig, aber innen saftig; die Soße ist würzig und perfekt; die Nudeln sind al dente gekocht... alles schmeckt heute Abend absolut perfekt. Wir wissen beide, dass dies einer dieser Abende war, an denen alles perfekt zusammenpasst, und wir **genießen** jeden einzelnen Bissen unseres köstlichen Essens. Es hat sogar noch besser geschmeckt, als es gerochen hat - und das war verdammt gut! Wir sind relativ schnell fertig mit dem Essen, da keiner von uns heute besonders hungrig ist, aber wir lassen uns Zeit und genießen noch ein paar **Gläser** Wein, während wir uns über dieses und jenes Thema unterhalten. Nach dem Essen räumen wir schnell zusammen auf und gehen dann ins Wohnzimmer, wo wir noch eine Weile auf der Couch **kuscheln** und fernsehen.

Es ist so schön, sich nach einem langen **Arbeitstag** einfach nur nahe zu sein. Ich fühle mich zufrieden. Auch wenn wir keinen ereignisreichen Abend hatten, war es schön, einfach etwas Zeit miteinander zu verbringen, ohne das Haus verlassen zu müssen. Wir haben uns einen Film angesehen und sind früh ins Bett gegangen, weil wir mit unserem einfachen Abend **zufrieden waren**.

Otázky na porozumenie

1. Odkiaľ pochádza rozprávač?

2. Čo robí rozprávač po práci?

3. Čo rozprávač jedáva na večeru?

4. Prečo má rozprávač rád kuchyňu?

5. Aký druh jedla dvojica varí?

6. Ako sa rozprávač cíti na konci večera?

7. Čo robí pár najradšej?

8. Čo robia manželia, keď sú unavení?

9. Kde spia?

10. Prečo rozprávač rád zostáva doma?

Fragen zum Verständnis

1. Woher kommt der Erzähler?

2. Was macht der Erzähler nach der Arbeit?

3. Was isst der Erzähler zum Abendessen?

4. Warum mag der Erzähler die Küche?

5. Was für ein Gericht kocht das Paar?

6. Wie fühlt sich der Erzähler am Ende des Abends?

7. Was ist die Lieblingsbeschäftigung des Paares?

8. Was tun die beiden, wenn sie müde werden?

9. Wo schlafen sie?

10. Warum bleibt der Erzähler gerne zu Hause?

Chôdza domov

Keď som išiel z práce domov, bola **pokojná** noc. Ako som kráčal, nemohol som si pomôcť a usmieval som sa pri spomienkach. Bol to dobrý pocit byť späť v mojej starej štvrti. Zamával som niekoľkým známym a oni mi zamávali späť. Bolo dobré byť doma. Prechádzal som okolo svojej starej školy a **spomínal som na** všetky tie pekné chvíle, ktoré som prežil so svojimi priateľmi. Vždy sme sa spolu vracali domov a rozprávali sa o svojom dni. **Niekedy** sme sa zastavili na zmrzlinu alebo sme išli do parku. To boli tie najlepšie časy. Tie časy mi chýbajú. Ale teraz mám svoju vlastnú rodinu a som so svojím životom spokojná. Som rada, že sa môžem pozrieť späť na tie spomienky a usmievať sa. Sú súčasťou môjho života, ktorú si budem vždy vážiť. Boli to tie najlepšie časy. Tie časy mi chýbajú. Ale teraz mám svoju vlastnú rodinu a som spokojný so svojím životom. Som rád, že sa môžem na tie **spomienky** pozrieť a usmievať sa. Sú súčasťou môjho života, ktorú si budem vždy vážiť.

Kráčam ďalej a myslím na pekné chvíle, ktoré som prežil s priateľmi. Viem, že ich čoskoro opäť uvidím. Smerujem k svojmu domovu a rozhodnem sa prejsť cez neďaleký park. Slnko zapadá a obloha sa sfarbuje do **krásnej** oranžovej farby. Park je prázdny, až na niekoľko vtákov štebotajúcich na stromoch. Zhlboka **sa**

Nach Hause gehen

Es war eine **friedliche** Nacht, als ich von der Arbeit nach Hause ging. Als ich ging, konnte ich nicht anders, als über die Erinnerungen zu lächeln. Es fühlte sich gut an, wieder in meiner alten Nachbarschaft zu sein. Ich winkte ein paar Leuten zu, die ich kannte, und sie winkten zurück. Es war schön, wieder zu Hause zu sein. Ich ging an meiner alten Schule vorbei und **erinnerte mich an** all die schönen Zeiten, die ich mit meinen Freunden hatte. Wir gingen immer zusammen nach Hause und sprachen über unseren Tag. **Manchmal hielten** wir an, um ein Eis zu essen oder in den Park zu gehen. Das waren die besten Zeiten. Ich vermisse diese Zeiten. Aber jetzt habe ich meine eigene Familie und bin glücklich mit meinem Leben. Ich bin froh, dass ich auf diese Erinnerungen zurückblicken und lächeln kann. Sie sind ein Teil meines Lebens, den ich immer in Ehren halten werde. Das waren die besten Zeiten. Ich vermisse diese Zeiten. Aber jetzt habe ich meine eigene Familie und bin glücklich mit meinem Leben. Ich bin froh, dass ich auf diese **Erinnerungen** zurückblicken und lächeln kann. Sie sind ein Teil meines Lebens, den ich immer in Ehren halten werde.

Ich gehe weiter und denke an die schöne Zeit, die ich mit meinen Freunden hatte. Ich weiß, dass ich sie bald

nadýchnem a usmejem sa. Ako prechádzam parkom, vidím, ako sa po oblohe tiahne padajúca hviezda. Vyslovím želanie na tú hviezdu a pokračujem v chôdzi. Premýšľam o svojom dni v práci a o tom, aký bol **pokojný.** Usmievam sa sama na seba a myslím na to, aké mám šťastie, že mám takú skvelú prácu. Kráčam domov a na pokožke **cítim** chladný nočný vzduch. Cítim sa taká živá a šťastná, len si užívam jednoduchý akt chôdze domov počas pokojnej noci. Cítil som sa tak dobre, že som **si** začal **pískať**. Prešiel som okolo niekoľkých ľudí na ulici, ale všetci si hľadeli svojho.

Zahol som za roh svojej ulice a uvidel som susedovho kocúra, pána Whiskersa, sedieť na verande. Pozdravil som ho a on mi mňaučal naspäť. **Odomkol** som dvere a vošiel dovnútra. Bol som taký šťastný, že som doma. Zul som si topánky a pripravil som sa do postele. V ten večer som išla spať s pocitom šťastia a vďačnosti, so srdcom plným lásky. Celú noc som pokojne spala a nič ma netrápilo.

wiedersehen werde. Ich mache mich auf den Weg nach Hause und beschließe, durch einen nahe gelegenen Park zu gehen. Die Sonne geht gerade unter und der Himmel färbt sich in ein **schönes** Orange. Der Park ist leer, bis auf ein paar Vögel, die in den Bäumen zwitschern. Ich **atme** tief ein und lächle. Als ich durch den Park gehe, sehe ich eine Sternschnuppe über den Himmel huschen. Ich wünsche mir etwas von dieser Sternschnuppe und laufe weiter. Ich denke an meinen Arbeitstag und daran, wie **friedlich** er war. Ich lächle vor mich hin und denke daran, wie viel Glück ich habe, einen so tollen Job zu haben. Ich gehe nach Hause und **spüre** die kühle Nachtluft auf meiner Haut. Ich fühle mich so lebendig und glücklich, weil ich es einfach genieße, in einer friedlichen Nacht nach Hause zu gehen. Ich fühlte mich so gut, dass ich anfing zu **pfeifen**. Ich ging an ein paar Leuten auf der Straße vorbei, aber sie kümmerten sich alle um ihre eigenen Angelegenheiten.

Ich bog um die Ecke in meine Straße und sah die Katze meines Nachbarn, Mr. Whiskers, auf meiner Veranda sitzen. Ich grüßte ihn, und er miaute zurück. Ich **schloss** meine Tür auf und ging hinein. Ich war so froh, zu Hause zu sein. Ich zog meine Schuhe aus und machte mich bettfertig. Ich ging an diesem Abend mit einem Gefühl der Freude und Dankbarkeit ins Bett, mein Herz war voller Liebe. Ich schlief die ganze Nacht durch und machte mir keine Sorgen.

Otázky na porozumenie

1. Čo robil hlavný hrdina, keď sa príbeh začal?

2. Na čo myslel hlavný hrdina, keď kráčal domov?

3. Čo robil hlavný hrdina s priateľmi po škole?

4. Čo hlavnému hrdinovi chýba v tých časoch?

5. Čo si myslí hlavný hrdina o svojom súčasnom živote?

6. Čo urobí hlavný hrdina, keď uvidí padajúcu hviezdu?

7. Ako sa cíti hlavný hrdina, keď kráča domov?

8. Čo urobí hlavný hrdina, keď sa vráti domov?

9. Ako sa cíti hlavný hrdina, keď sa na druhý deň ráno zobudí?

Fragen zum Verständnis

1. Was machte der Protagonist, als die Geschichte begann?

2. Woran hat der Protagonist auf dem Heimweg gedacht?

3. Was hat der Protagonist nach der Schule mit seinen Freunden gemacht?

4. Was vermisst der Protagonist aus dieser Zeit?

5. Was denkt der Protagonist über sein derzeitiges Leben?

6. Was tut der Protagonist, wenn er eine Sternschnuppe sieht?

7. Wie fühlt sich der Protagonist, wenn er nach Hause geht?

8. Was macht der Protagonist, wenn er nach Hause kommt?

9. Wie fühlt sich der Protagonist, wenn er am nächsten Morgen aufwacht?

Hrad

Rodina vždy túžila navštíviť starý zámok v **Nemecku** a nakoniec sa vybrala na cestu. Neboli **sklamaní**. Zámok bol nádherný a tešili sa z prehliadky jeho mnohých miestností a chodieb. Prvé, čo ich zarazilo, bola vôňa. Našli v ňom **pleseň**, vlhkosť a ešte niečo, čo nevedeli presne pomenovať. Druhou vecou bol zvuk. Kamenné múry sú síce hrubé, ale zvuk úplne neutlmia. Počuli každý krok, každé slovo vyslovené normálnym hlasom a občasné kvapkanie vody **kdesi v** diaľke. Keď sa ich oči prispôsobili slabému svetlu, uvideli okolo seba mohutné kamenné steny, z ktorých viseli gobelíny v **roztrhaných** kusoch. Stáli v obrovskej sále s vysokým stropom podopretým vyrezávanými stĺpmi. Páčil sa im aj výhľad z vežičiek a deti sa výborne zabávali pri pobehovaní po areáli. Kým skončili s prieskumom hradu, začalo zapadať **slnko a** oľutovali, že si so sebou nevzali **baterku**. Rozhodli sa, že sa vrátia ku vchodu, ale čoskoro zistili, že sa stratili. Blúdili tu akoby celé hodiny, až napokon narazili na dvere, ktoré viedli von. Pokračovali ďalej, až kým nedošli **na** koniec chodby a neprišli k impozantným dvojitým dverám. Nech sa snažili akokoľvek, dvere sa nedali pohnúť. **Zlovestne** hrkotali, ale nepohli sa ani o milimeter. Vyzeralo to, že ten, kto tu bol predtým, musel prejsť tadiaľto a zamknúť

Das Schloss

Die Familie wollte schon immer ein altes Schloss in
Deutschland besichtigen, und schließlich machten sie
sich auf den Weg. Sie wurden nicht **enttäuscht**. Das
Schloss war wunderschön, und sie genossen es, die
vielen Räume und Gänge zu erkunden. Das erste, was
ihnen auffiel, war der Geruch. Sie fanden **Schimmel**,
Feuchtigkeit und etwas anderes, das sie nicht
genau zuordnen konnten. Das zweite war der Klang.
Steinmauern sind zwar dick, aber sie dämpfen den
Schall nicht vollständig. Sie hörten jeden Schritt, jedes
Wort, das mit normaler Stimme gesprochen wurde, und
das gelegentliche Tröpfeln von Wasser **irgendwo** in
der Ferne. Als sich ihre Augen an das schwache Licht
gewöhnt hatten, sahen sie um sich herum massive
Steinwände, an denen Wandteppiche in **Fetzen** hingen.
Sie befanden sich in einer riesigen Halle mit einer
hohen Decke, die von geschnitzten Säulen getragen
wurde. Auch die Aussicht von den Türmen gefiel ihnen,
und die Kinder hatten viel Spaß beim Herumtollen
auf dem Gelände. Als sie mit der Erkundung des
Schlosses fertig waren, ging die **Sonne** bereits unter,
und sie bedauerten, dass sie keine **Taschenlampe**
mitgenommen hatten. Sie beschlossen, sich auf den
Rückweg zum Eingang zu machen, aber sie hatten
sich bald verlaufen. Sie irrten gefühlte Stunden umher,

ich zvnútra. Nakoniec našli cestu von. Keď vyšli na chladný nočný vzduch, zaplavila ich úľava.

Slnko začalo zapadať a oni **ľutovali,** že si nevzali baterku. Rozhodli sa vrátiť ku vchodu, ale čoskoro zistili, že sa stratili. Blúdili akoby celé hodiny, až napokon narazili na dvere, ktoré viedli **von**. Keď vyšli na chladný nočný vzduch, zaplavila ich úľava. Nasledujúci večer si na prieskum zvyšku hradu vzali so sebou baterku. Prešli cez **nádvorie až** k rieke, ktorá tiekla za hradbami. Ako sa prechádzali, začali počuť zvláštne zvuky. Znie to, akoby ich niekto sledoval. Zrýchlili krok, ale zvuky boli čoraz hlasnejšie a bližšie. Rodina sa rozbehla späť do hradu, ako najrýchlejšie vedela, a s úľavou zistila, že postava v **tmavom** plášti ich nesledovala.

bis sie schließlich auf eine Tür stießen, die nach draußen führte. Sie gingen weiter, bis sie das Ende des Flurs **erreichten** und vor einer imposanten Doppeltür standen. So sehr sie sich auch bemühten, die Türen rührten sich nicht. Sie klapperten **bedrohlich**, aber sie bewegten sich keinen Zentimeter. Es sah so aus, als ob derjenige, der vorher hier war, hier durchgegangen sein musste und sie von innen verriegelt hatte. Schließlich fanden sie einen Weg nach draußen. Erleichterung überkam sie, als sie in die kühle Nachtluft hinaustraten.

Die Sonne begann unterzugehen, und sie **bedauerten,** dass sie keine Taschenlampe mitgenommen hatten. Sie beschlossen, sich auf den Weg zurück zum Eingang zu machen, aber sie hatten sich bald verlaufen. Sie irrten gefühlte Stunden umher, bis sie schließlich auf eine Tür stießen, die **nach draußen** führte. Erleichterung machte sich in ihnen breit, als sie in die kühle Nachtluft hinaustraten. Am nächsten Abend nahmen sie auf jeden Fall eine Taschenlampe mit, um den Rest des Schlosses zu erkunden. Sie gingen durch den **Innenhof** und hinunter zum Fluss, der hinter den Schlossmauern verlief. Als sie umhergingen, hörten sie seltsame Geräusche. Es hörte sich an, als würde sie jemand verfolgen. Sie beschleunigten ihren Schritt, aber die Geräusche wurden lauter und kamen näher. Die Familie rannte so schnell sie konnte zum Schloss zurück und war erleichtert, dass die Gestalt in dem **dunklen** Mantel ihnen nicht gefolgt war.

Otázky na porozumenie

1. Čo urobila rodina, keď sa stratila na hrade?

2. Ako sa cítila rodina, keď zistila, že to bol len miestny muž?

3. Čo urobil muž, kvôli ktorému ho zatkli?

4. Aký bol rozsudok pre tohto muža?

5. Aký hluk počula rodina počas prechádzky?

6. Kde bola postava v tmavom plášti, keď ju rodina uvidela?

7. Čo robila rodina, keď sa vrátila do svojej izby?

8. Kedy sa rodina opäť vybrala na prehliadku hradu?

Fragen zum Verständnis

1. Was hat die Familie getan, als sie sich im Schloss verlaufen hat?

2. Wie hat sich die Familie gefühlt, als sie erfuhr, dass es sich nur um einen Einheimischen handelte?

3. Was hat der Mann getan, dass man ihn verhaftet hat?

4. Wie lautete das Urteil für den Mann?

5. Welches Geräusch hat die Familie gehört, während sie spazieren ging?

6. Wo war die Gestalt in dem dunklen Mantel, als die Familie sie sah?

7. Was hat die Familie getan, als sie in ihr Zimmer zurückkam?

8. Wann hat die Familie das Schloss wieder erkundet?

Moja záhrada

Moja záhrada je moje šťastné miesto. Chodím do nej každý deň, či prší alebo svieti slnko, a trávim čas starostlivosťou o svoje rastliny. Mám tam od **všetkého trochu - zeleninu,** ovocie, kvety, bylinky. Dokonca mám aj niekoľko sliepok, ktoré mi pomáhajú držať škodcov na uzde. Dni v záhrade začínam zbieraním vajec od sliepok. Potom skontrolujem zeleninu, či má dostatok vody a slnka. Vyplejem záhony a pozbieram všetky chrobáky, ktoré by mohli rastliny **napadnúť.** Keď je o **všetko postarané,** sadnem si a užívam si pokoj a ticho prírody.

Vždy som rád trávil čas v záhrade. Je to niečo, čo ma obklopuje, keď som obklopená prírodou a všetkou tou **krásou, ktorú** ponúka. Je to pre mňa veľmi pokojné a upokojujúce miesto. Často trávim čas v záhrade, len tak relaxujem a vychutnávam si scenériu. Tiež ma baví pracovať v záhrade a pestovať veci. Mám celkom veľkú záhradu a rád v nej pestujem **rôzne** veci. Pestujem kvety, **zeleninu** a bylinky. Mám aj niekoľko ovocných stromov, ktoré rodia vynikajúce jablká, hrušky a slivky. Okrem pestovania rád trávim čas aj prechádzkami po záhrade a **obdivujem** rôzne rastliny a živočíchy, ktoré sú v nej doma. V priebehu rokov som strávil mnoho hodín prácou na tom, aby sa moja **záhrada**

Mein Garten

Mein Garten ist mein Lieblingsplatz. Ich gehe jeden Tag hinaus, egal ob es regnet oder scheint, und verbringe Zeit damit, meine Pflanzen zu pflegen. Ich habe von **allem ein** bisschen - **Gemüse**, Obst, Blumen, Kräuter. Ich habe sogar ein paar Hühner, die mir helfen, die Schädlinge in Schach zu halten. Ich beginne meine Tage im Garten, indem ich den Hühnern Eier abhole. Dann schaue ich nach meinem Gemüse und stelle sicher, dass es genug Wasser und Sonne bekommt. Ich jäte Unkraut auf den Beeten und entferne Ungeziefer, das die Pflanzen **angreifen** könnte. Wenn **alles erledigt** ist, lehne ich mich zurück und genieße den Frieden und die Ruhe der Natur.

Ich habe schon immer gerne Zeit in meinem Garten verbracht. Es hat etwas, von der Natur und all der **Schönheit**, die sie zu bieten hat, umgeben zu sein. Ich empfinde ihn als einen sehr friedlichen und beruhigenden Ort. Ich verbringe oft Zeit in meinem Garten, um mich zu entspannen und die Landschaft zu genießen. Ich arbeite auch gerne in meinem Garten und baue Dinge an. Ich habe einen ziemlich großen Garten, in dem ich gerne **verschiedene** Dinge anbaue. Ich baue Blumen, **Gemüse** und Kräuter an. Ich habe auch ein paar Obstbäume, die leckere Äpfel, Birnen

stala nielen krásnym, ale aj funkčným miestom. Rád pozorujem vtáky, ktoré poletujú okolo, a počúvam ich spev. Niekedy si dokonca vytiahnem knihu a čítam si v záhrade obklopený všetkou tou krásou, ktorú som vytvoril. **Záhradkárčenie** je mojou vášňou a prináša mi veľa radosti. Každý deň v mojej záhrade je dobrý deň.

Jednou z vecí, ktoré rada robím, je varenie, preto je pre mňa veľmi **dôležité** mať dobre zásobenú bylinkovú záhradu. Tymián, bazalka, oregano, rozmarín, šalvia a levanduľa sú len niektoré z byliniek, ktoré rada pestujem vo svojej záhrade, aby som ich mohla používať pri príprave jedál pre seba alebo pre **hostí**. Ďalšou vecou, ktorá je pre mňa dôležitá, keď ide o moju záhradu, je zabezpečiť, aby v nej bolo veľa farieb. Na dosiahnutie tohto cieľa pestujem širokú škálu kvetov vrátane **ruží,** ľalií, sedmokrások, tulipánov, impatiens, nechtíkov atď. Okrem pridávania farieb pomocou kvetov rada pridávam aj zaujímavosť používaním rôznych **textúr** v celej záhrade.

und Pflaumen hervorbringen. Ich baue nicht nur Dinge an, sondern verbringe auch gerne Zeit damit, durch meinen Garten zu spazieren und all die verschiedenen Pflanzen und Tiere zu **bewundern**, die dort zu Hause sind. Im Laufe der Jahre habe ich viele Stunden damit verbracht, meinen **Garten** zu einem Ort zu machen, der nicht nur schön, sondern auch funktional ist. Ich liebe es, den Vögeln beim Herumfliegen zuzusehen und ihnen beim Singen zuzuhören. Manchmal nehme ich sogar ein Buch mit und lese im Garten, während ich von all der Schönheit umgeben bin, die ich geschaffen habe. **Gartenarbeit** ist meine Leidenschaft und bringt mir so viel Freude. Jeder Tag in meinem Garten ist ein guter Tag.

Eine meiner Lieblingsbeschäftigungen ist das Kochen, daher ist ein gut bestückter Kräutergarten für mich sehr **wichtig**. Thymian, Basilikum, Oregano, Rosmarin, Salbei und Lavendel sind nur einige der Kräuter, die ich gerne in meinem Garten anbaue, damit ich sie beim Kochen für mich oder für **Gäste** verwenden kann. Ein weiterer wichtiger Punkt in meinem Garten ist, dass er viel Farbe hat. Um dieses Ziel zu erreichen, baue ich eine Vielzahl von Blumen an, darunter **Rosen**, Lilien, Gänseblümchen, Tulpen, Impatiens, Ringelblumen, usw. Zusätzlich zu den Blumen, die für Farbe sorgen, verwende ich auch gerne verschiedene **Texturen** im Garten, um ihn interessanter zu gestalten.

Otázky na porozumenie

1. Kde sa nachádza autorova záhrada?

2. Koľko sliepok má autor?

3. Čo robí autor v záhrade každý deň?

4. Prečo sa autorovi páči záhrada?

5. Aké bylinky vysadil autor v záhrade?

6. Prečo je pre autora dôležité, že v jeho záhrade je veľa farieb?

7. Ako autor spestruje svoju záhradu?

8. Ako sa cíti autor, keď pracuje vo svojej záhrade?

9. Čo dáva autorovi pocit spojenia, keď je vo svojej záhrade?

Fragen zum Verständnis

1. Wo befindet sich der Garten des Autors?

2. Wie viele Hühner hat der Autor?

3. Was macht der Autor jeden Tag im Garten?

4. Warum gefällt dem Autor der Garten?

5. Welche Kräuter pflanzt der Autor in seinem Garten an?

6. Warum ist es für den Autor wichtig, dass es in seinem Garten viele Farben gibt?

7. Wie bringt der Autor Abwechslung in seinen Garten?

8. Wie fühlt sich der Autor, wenn er in seinem Garten arbeitet?

9. Wodurch fühlt sich der Autor verbunden, wenn er in seinem Garten ist?

Nakupovanie

Rád chodím **nakupovať do** obchodného centra. Je to vždy taká zábava prechádzať sa a pozerať sa na rôzne obchody. V nákupnom centre si každý nájde niečo pre seba a vždy je to skvelé miesto, kde sa dajú nájsť výhodné ponuky oblečenia, topánok a doplnkov. Svoju nákupnú cestu **zvyčajne** začínam prechádzkou cez hlavný **vchod** nákupného centra. Odtiaľ najprv zamierim do svojich obľúbených obchodov. Po prezretí týchto obchodov sa prejdem po okolí a zistím, či na iných miestach neprebiehajú nejaké výpredaje. V nákupnom centre zvyčajne strávim niekoľko hodín, kým konečne nakúpim. Pri nakupovaní si vždy rád dávam načas, **pretože** sa chcem uistiť, že si kúpim **presne** to, čo chcem. Navyše je to tak zábavnejšie!

Pozorovanie ľudí v nákupnom centre ma vždy **fascinuje.** Podľa toho, ako človek nakupuje, sa dá o ňom veľa zistiť. Niektorí ľudia sú veľmi metodickí a nikam sa neponáhľajú, zatiaľ čo iní sa zdajú, že len berú, **čo sa** dá, a čo najrýchlejšie smerujú k pokladni. Sú aj takí nakupujúci, ktorí sa viac zaujímajú o rozprávanie cez mobil alebo písanie SMS správ, ako o to, aby si skutočne pozreli nejaký tovar! Bez ohľadu na to, aký typ nakupujúceho ste, sa zdá, že každý si užíva nakupovanie vo výkladoch - aj keď si v skutočnosti

Einkaufen gehen

Ich gehe gerne im Einkaufszentrum einkaufen. Es macht immer so viel Spaß, herumzulaufen und sich all die verschiedenen Geschäfte anzuschauen. Im Einkaufszentrum ist für jeden etwas dabei, und es ist immer ein guter Ort, um Angebote für Kleidung, Schuhe und Accessoires zu finden. **Normalerweise** beginne ich meinen Einkaufsbummel, indem ich durch den **Haupteingang** des Einkaufszentrums gehe. Von dort aus gehe ich zuerst zu meinen Lieblingsgeschäften. Nachdem ich in diesen Geschäften gestöbert habe, laufe ich herum und schaue, ob es in anderen Geschäften Sonderangebote gibt. Normalerweise verbringe ich ein paar Stunden im Einkaufszentrum, bevor ich meine Einkäufe erledige. Ich nehme mir beim Einkaufen immer gerne Zeit, **weil** ich sichergehen will, dass ich **genau** das bekomme, was ich will. Außerdem macht es auf diese Weise einfach mehr Spaß!

Ich finde es immer **faszinierend**, die Leute zu beobachten, wenn ich im Einkaufszentrum bin. An der Art und Weise, wie sie einkaufen, kann man wirklich viel über eine Person erkennen. Manche Leute gehen sehr methodisch vor und lassen sich Zeit, während andere einfach **alles zu** nehmen scheinen, **was sie kriegen** können, und so schnell wie möglich zur

nič nekúpite. Pohľad na všetky tie pekné veci vo **výkladoch** obchodov ma jednoducho baví. Niekedy si predstavujem, aké by to bolo, keby som si mohla dovoliť **všetko, čo** vidím! Celkovo je deň strávený nakupovaním v obchodnom centre jednou z mojich najobľúbenejších zábav. Je to skvelý spôsob, ako si oddýchnuť a zrelaxovať a zároveň si trochu zacvičiť (ak sa dostatočne prejdete). Navyše je **vždy** príjemné dopriať si z času na čas nové tričko alebo pár topánok!

Mala som **dlhý** deň v práci a konečne som mala čas pre seba, tak som sa rozhodla ísť nakupovať do obchodného centra. Potrebovala som nejaké nové oblečenie na **nadchádzajúcu** sezónu. Hneď ako som vošla, uvidela som všetky tie jasné svetlá a lesklé výklady. Najskôr som zamierila do svojho obľúbeného obchodu a začala som si prezerať regály. Našla som niekoľko pekných topov a vyskúšala som si ich v šatni. Keď som sa na seba pozerala do zrkadla, počula som, ako niekto vchádza do vedľajšej šatne. V hlase som spoznala jedného zo svojich kolegov. Pozdravili sme sa a začali sme sa rozprávať o práci.

Kasse gehen. Es gibt auch Leute, die mehr daran interessiert sind, mit ihrem Handy zu telefonieren oder SMS zu schreiben, als sich die Waren anzusehen! Aber egal, welche Art von Käufer man ist, jeder scheint den Schaufensterbummel zu genießen - auch wenn man nichts kauft. Der Anblick all der schönen Dinge in den **Schaufenstern** macht mich einfach glücklich. Manchmal stelle ich mir vor, wie es wäre, wenn ich mir **alles, was** ich sehe, leisten könnte! Alles in allem ist ein Einkaufstag im Einkaufszentrum eine meiner Lieblingsbeschäftigungen. Es ist eine tolle Möglichkeit, sich zu entspannen und zu relaxen und sich dabei auch noch ein bisschen zu bewegen (wenn man genug läuft). Außerdem ist es **immer** schön, sich hin und wieder ein neues Hemd oder ein Paar Schuhe zu gönnen!

Ich hatte einen **langen** Arbeitstag und endlich etwas Zeit für mich, also beschloss ich, im Einkaufszentrum einkaufen zu gehen. Ich brauchte ein paar neue Kleider für die **kommende** Saison. Sobald ich das Einkaufszentrum betrat, sah ich all die hellen Lichter und die glänzenden Schaufensterfronten. Ich ging zuerst in mein Lieblingsgeschäft und stöberte durch die Regale. Ich fand ein paar schöne Oberteile und probierte sie in der Umkleidekabine an. Als ich mich im Spiegel betrachtete, hörte ich, wie jemand in die Umkleidekabine neben mir kam. Ich erkannte die Stimme als eine meiner Kolleginnen. Wir begrüßten uns und begannen über die Arbeit zu plaudern.

Otázky na porozumenie

1. Kde najradšej skladujete?

2. Aký je váš obľúbený obchod v nákupnom centre?

3. Ako dlho sa zvyčajne zdržiavate v nákupnom centre?

4. Čo si myslíte o ľuďoch, ktorí trávia veľa času v nákupnom centre? 5. Čo najradšej robíte v nákupnom centre?

6. Kúpili ste si niekedy niečo v obchodnom centre, aj keď ste to v skutočnosti nepotrebovali?

7. Ako reagujete, keď v nákupnom centre vidíte niečo, čo by sa vám veľmi páčilo, ale je to príliš drahé?

8. Videli ste niekedy niečo v obchodnom centre a premýšľali ste, kto by si to kúpil?

9. Aký je váš názor na ľudí, ktorí sa v nákupnom centre namiesto toho, aby si prezreli obchody, venujú mobilným telefónom?

Fragen zum Verständnis

1. Wo lagern Sie am liebsten?

2. Welches ist Ihr Lieblingsgeschäft im Einkaufszentrum?

3. Wie lange bleiben Sie normalerweise im Einkaufszentrum?

4. Was denken Sie über Menschen, die viel Zeit im Einkaufszentrum verbringen? 5. Was machst du am liebsten in einem Einkaufszentrum?

6. Haben Sie schon einmal etwas im Einkaufszentrum gekauft, obwohl Sie es nicht wirklich brauchten?

7. Wie reagieren Sie, wenn Sie im Einkaufszentrum etwas sehen, das Ihnen wirklich gefallen würde, aber zu teuer ist?

8. Haben Sie schon einmal etwas im Einkaufszentrum gesehen und sich gefragt, wer es wohl kaufen würde?

9. Was halten Sie von Leuten, die im Einkaufszentrum mit ihren Handys beschäftigt sind, anstatt sich die Geschäfte anzusehen?

Na trhu

V sobotu ráno vstávam skoro a túžim sa dostať na **trh** skôr, ako bude príliš veľa ľudí. Obliekam sa a vyrážam von, cestou si beriem tašky na opakované použitie. Počas chôdze začínam plánovať, čo chcem pripraviť na celý týždeň. Viem, že chcem aspoň raz **opiecť** zeleninu, takže budem musieť kúpiť nejakú kvalitnú zeleninu. Chcem tiež pripraviť polievku alebo guláš, takže budem musieť kúpiť aj nejaké mäso. Musím sa pozrieť, čo vyzerá dobre, keď tam prídem. Trh je len pár blokov odtiaľto a už vidím rozostavané stánky a mávajúcich **ľudí.**

Prídem na trh a zamierim rovno k stánku so zeleninou. Výber je nádherný a ja si plním tašky rôznymi **čerstvými** produktmi. Chvíľu sa rozprávam s farmárom a on mi odporučí niekoľko receptov. Teším sa, že ich vyskúšam. Počas nakupovania sa rozprávam s **farmármi, spoznávam** ich a ich produkty. Keď mám všetku zeleninu, ktorú potrebujem, prejdem do oddelenia mäsa. Tu trochu váham, pretože si nie som istý, čo chcem kúpiť. Nakoniec sa rozhodnem pre kuracie mäso, pretože je univerzálne a dá sa použiť do rôznych jedál. Kúpim tiež niekoľko rôznych kusov mäsa, pričom dbám na to, aby som si kúpil hovädzie mäso kŕmené trávou a **kurča z** voľného chovu. Mäsiar bol

Auf dem Markt

Am Samstagmorgen wache ich früh auf und will unbedingt auf den **Markt**, bevor es zu voll wird. Ich ziehe mir etwas an und gehe zur Tür hinaus, wobei ich unterwegs meine wiederverwendbaren Taschen mitnehme. Auf dem Weg dorthin überlege ich, was ich in der kommenden Woche zubereiten möchte. Ich weiß, dass ich mindestens einmal Gemüse **braten** will, also muss ich gutes Gemüse kaufen. Außerdem möchte ich eine Suppe oder einen Eintopf kochen, also muss ich auch etwas Fleisch kaufen. Ich muss sehen, was gut aussieht, wenn ich dort bin. Der Markt ist nur ein paar Häuserblocks entfernt, und ich sehe schon die aufgebauten Stände und die **Menschen, die** sich dort tummeln.

Ich komme auf dem Markt an und steuere direkt auf den Gemüsestand zu. Die Auswahl ist großartig, und ich fülle meine Taschen mit einer Vielzahl von **frischen** Produkten. Ich unterhalte mich ein wenig mit dem Landwirt, und er empfiehlt mir einige Rezepte. Ich bin gespannt darauf, sie auszuprobieren. Beim Einkaufen plaudere ich mit den **Landwirten** und lerne sie und ihre Produkte kennen. Nachdem ich alles Gemüse eingekauft habe, was ich brauche, gehe ich zur Fleischabteilung. Hier bin ich etwas zögerlicher, da ich

priateľský muž, vždy veselý napriek dlhým pracovným hodinám. Zabalil mi kuracie prsia a steak a potom sa so mnou rozprával o svojich víkendových plánoch. Rozlúčil som sa s ním a pokračoval v ceste. Z mliečneho oddelenia som si vzal aj vajíčka a syr.

Na trhu sa to hemžilo ľuďmi, ktorí túžili dostať sa **k** čerstvým produktom a mäsu, ktoré sa tu ponúkali. Vzduch bol zahustený vôňou cesnaku a cibule, ozýval sa smiech a rozhovory. Predierala som sa davom a vyberala som si ďalšie veci, ktoré som potrebovala na svoj týždenný nákup. Naplnila som **košík** ovocím a zeleninou, cestovinami a chlebom a potom som zamierila k pokladni. Rad bol dlhý, ale rýchlo sa posúval. Nakoniec som nakúpila posledné **potraviny** a bol čas ísť domov. Auto bolo naložené a cesta domov bola dlhá a únavná. Doprava bola hustá a horúčava ťaživá. Konečne auto vrazilo na príjazdovú cestu a úľava bola citeľná.

mir nicht sicher bin, was ich kaufen möchte. Schließlich entscheide ich mich für Hühnerfleisch, weil es vielseitig ist und für eine Vielzahl von Gerichten verwendet werden kann. Ich kaufe auch ein paar verschiedene Fleischsorten, wobei ich darauf achte, dass ich Rindfleisch aus Weidehaltung und **Hühnerfleisch** aus Freilandhaltung kaufe. Der Metzger war ein freundlicher Mann, der trotz seiner langen Arbeitszeiten immer gut gelaunt war. Er wickelte meine Hühnerbrust und mein Steak ein und plauderte mit mir über seine Pläne fürs Wochenende. Ich verabschiedete mich von ihm und setzte meinen Weg fort. Ich kaufte auch noch ein paar Eier und Käse aus der Molkereiabteilung.

Auf dem Markt herrschte reges Treiben, und alle wollten die frischen Produkte und das Fleisch, die angeboten wurden, kaufen. Die Luft war dick mit dem Geruch von Knoblauch und Zwiebeln, und das Lachen und die Gespräche erfüllten die Luft. Ich bahnte mir einen Weg durch die Menge und suchte mir die anderen Artikel für meinen Wocheneinkauf aus. Ich füllte meinen **Korb** mit Obst und Gemüse, Nudeln und Brot, bevor ich mich auf den Weg zur Kasse machte. Die Schlange war lang, aber sie bewegte sich schnell. Schließlich waren die letzten **Lebensmittel** eingekauft, und es war Zeit, nach Hause zu fahren. Das Auto wurde beladen, und die Fahrt nach Hause war lang und mühsam. Der Verkehr war dicht, und die Hitze war drückend. Endlich fuhr das Auto in die Einfahrt, und die Erleichterung war spürbar.

Otázky na porozumenie

1. Kam ide osoba?

2. Čo chce osoba kúpiť?

3. Koľko tašiek má daná osoba?

4. Ako ďaleko je trh?

5. Čo práve robí táto osoba?

6. Čo všetko je na trhu?

7. Koľko ľudí je na trhu?

8. Ako dlho trvalo, kým si človek všetko kúpil?

9. Ako sa osoba vrátila domov?

Fragen zum Verständnis

1. Wohin geht die Person?

2. Was möchte die Person kaufen?

3. Wie viele Taschen hat die Person?

4. Wie weit ist der Markt entfernt?

5. Was macht die Person im Moment?

6. Was ist alles auf dem Markt?

7. Wie viele Personen befinden sich auf dem Markt?

8. Wie lange hat die Person gebraucht, um alles zu kaufen?

9. Wie ist die Person nach Hause gegangen?

V kaviarni

Bolo chladné **jesenné** ráno a ja som si dohodla stretnutie s kamarátkou Lily v našej obľúbenej kaviarni na kávu. Zabalila som sa do teplého kabáta a šálu a vyrazila som. Zo stromov opadávalo lístie a vzduch bol sychravý, ale svietilo slnko a sľubovalo krásny deň. Počas chôdze som **premýšľala** o tom, aké je dobré mať takú kamarátku, ako je Lily. Priatelili sme sa už roky, odkedy sme sa stretli na **univerzite**. Spájala nás láska ku káve a trávenie času rozprávaním sa v kaviarňach. Aj keď sme teraz bývali v rôznych častiach mesta, stále sme sa raz do týždňa stretávali na káve. Prišla som do kaviarne a Lily tam už na mňa čakala. Objali sme sa na pozdrav a potom sme si objednali kávu. Našli sme si stôl pri okne a usadili sa, aby sme sa porozprávali. **Káva** bola ako vždy výborná a bolo príjemné stretnúť sa s Lily. Rozprávali sme sa o našom týždni, práci a plánoch do budúcnosti. S Lily sa mi vždy hovorilo tak ľahko a mala som pocit, že jej môžem povedať čokoľvek. Po chvíli sme začali byť hladné a **rozhodli sme sa** objednať si nejaké jedlo.

Objednali sme si jedlo a našli si miesto pri okne. Cez okno svietilo slnko a všetko bolo teplé a veselé. Rozprávali sme sa pri jedle a užívali si jednoduchú radosť zo vzájomnej **spoločnosti**. V kaviarni bolo

Im Kaffeehaus

Es war ein kühler Herbstmorgen, und ich hatte mich mit meiner Freundin Lily in unserem Lieblingscafé auf einen Kaffee verabredet. Ich wickelte mich warm in meinen Mantel und meinen Schal ein und machte mich auf den Weg. Die Blätter fielen von den Bäumen, und die Luft war etwas stickig, aber die Sonne schien, und es versprach ein schöner Tag zu werden. Während ich lief, **dachte ich** darüber nach, wie gut es war, eine Freundin wie Lily zu haben. Wir waren seit Jahren befreundet, seit wir uns an der **Universität** kennen gelernt hatten. Uns verband die Liebe zum Kaffee und zum Plaudern in Cafés. Obwohl wir inzwischen in verschiedenen Stadtteilen wohnten, trafen wir uns immer noch einmal in der Woche auf einen Kaffee. Als ich im Café ankam, war Lily schon da und wartete auf mich. Wir umarmten uns zur Begrüßung und bestellten unsere Kaffees. Wir suchten uns einen Tisch am Fenster und setzten uns, um zu plaudern. Der **Kaffee** war wie immer köstlich, und es war so schön, sich mit Lily zu unterhalten. Wir sprachen über unsere Woche, unsere Jobs und unsere Pläne für die Zukunft. Es war immer so einfach, mit Lily zu reden, und ich hatte das Gefühl, dass ich ihr alles sagen konnte. Nach einer Weile wurden wir hungrig und **beschlossen,** etwas zu essen zu bestellen.

rušno, ale necítili sme sa preplnení. Vo vzduchu bol cítiť pokoj a spokojnosť. Keď sme dojedli, ešte chvíľu sme sedeli a vychutnávali si pokojnú **atmosféru**. Chvíľu sme sa rozprávali o rôznych veciach, ktoré sa diali v našich životoch. Bolo veľmi príjemné dohovoriť sa s priateľom a len tak **si oddýchnuť**. Cez okno svietilo slnko a zdalo sa, že **nič nemôže** pokaziť náš dokonalý deň.

Zrazu som počul hlasnú ranu. Otočil som sa a uvidel som, že nejaký muž prepadol cez strop a leží na podlahe pred nami. Bol **pokrytý** prachom a troskami a vyzeral byť v bezvedomí. Obaja s priateľom sme boli v šoku, keď sme sa pozerali na muža ležiaceho na podlahe. Nevedeli sme, čo máme robiť alebo koho zavolať na pomoc. Len sme tam sedeli a pozerali na neho, nevediac, čo robiť. Po niekoľkých minútach som sa spamätala a zavolala som záchranku. Operátor mi povedal, že čoskoro tam niekto bude.

Wir **bestellten** unser Essen und suchten uns einen Platz am Fenster. Die Sonne schien durch das Fenster herein und verlieh allem eine warme und fröhliche Atmosphäre. Wir unterhielten uns, während wir aßen, und genossen das einfache Vergnügen, in der **Gesellschaft** des anderen zu sein. Das Café war gut besucht, aber es fühlte sich nicht überfüllt an. Es lag ein Gefühl von Frieden und Zufriedenheit in der Luft. Als wir mit dem Essen fertig waren, saßen wir noch eine Weile und genossen die friedliche **Atmosphäre**. Wir unterhielten uns noch eine Weile über verschiedene Dinge, die in unserem Leben passiert waren. Es war so schön, sich mit meiner Freundin auszutauschen und einfach **zu entspannen**. Die Sonne schien durch das Fenster, und wir hatten das Gefühl, dass **nichts** unseren perfekten Tag stören konnte.

Plötzlich hörte ich ein lautes Krachen. Ich drehte mich um und sah, dass ein Mann durch die Decke gefallen war und vor uns auf dem Boden lag. Er war mit Staub und Trümmern **bedeckt** und schien bewusstlos zu sein. Mein Freund und ich standen beide unter Schock und starrten auf den Mann, der auf dem Boden lag. Wir wussten nicht, was wir tun oder wen wir um Hilfe bitten sollten. Wir saßen einfach da und starrten ihn an, ohne zu wissen, was wir tun sollten. Nach ein paar Minuten riss ich mich zusammen und rief 911 an. Die Telefonistin sagte mir, dass bald jemand da sein würde.

Otázky na porozumenie

1. Odkiaľ pochádza muž, ktorý padá cez strechu?

2. Prečo je žena so svojím priateľom v kaviarni?

3. Aká je obľúbená kaviareň týchto dvoch priateľov?

4. Ako dlho sa títo dvaja priatelia poznajú?

5. Aký je obľúbený nápoj týchto dvoch priateľov?

6. V ktorom meste žijú títo dvaja priatelia?

7. Ako často sa títo dvaja priatelia stretávajú?

8. O čom sa títo dvaja priatelia rozprávajú, keď sa prvýkrát stretnú vo svojej obľúbenej kaviarni?

9. Aké je obľúbené jedlo týchto dvoch priateľov?

10. Prečo je také ľahké hovoriť s Lily?

Fragen zum Verständnis

1. Woher kommt der Mann, der durch das Dach fällt?

2. Warum ist die Frau mit ihrer Freundin im Café?

3. Welches ist das Lieblingscafé der beiden Freunde?

4. Wie lange kennen sich die beiden Freunde schon?

5. Was ist das Lieblingsgetränk der beiden Freunde?

6. In welcher Stadt leben die beiden Freunde?

7. Wie oft treffen sich die beiden Freunde?

8. Worüber sprechen die beiden Freunde, als sie sich zum ersten Mal in ihrem Lieblingscafé treffen?

9. Was ist das Lieblingsessen der beiden Freunde?

10. Warum ist es so einfach, mit Lily zu sprechen?

Plavanie

Bazén bol vždy **osviežujúcim** miestom a dnes to nebolo inak. Slnko svietilo a voda vyzerala lákavo. Zhlboka som sa nadýchla a ponorila sa do vody, aby som pocítila jej chladivú náruč. Chvíľu som plávala kolá, tešila som sa z pohybu a možnosti vyčistiť si hlavu. Po chvíli som vyšla von, osušila sa a sadla si na uterák, aby som si oddýchla na slnku. Zavrela som oči a nechala sa oblievať **teplom,** cítila som, ako sa mi uvoľňujú svaly. Zrazu som počula špliechanie a otvorila som oči, aby som videla svoju malú sestru, ako **pádluje na** plytčine. Usmiala som sa a chvíľu som ju pozorovala, potom som vstala a išla k nej. Chvíľu sme sa rozprávali, pádlovali sme spolu a užívali si spoločnosť toho druhého. Čoskoro sa k nám pridali rodičia a zvyšok popoludnia sme strávili spoločným plávaním a hraním hier. Bolo vždy veľmi príjemné tráviť čas s rodinou v bazéne. Zdá sa, že pobyt vo vode ľudí spája. Možno je to preto, že keď sme vo vode, sme si všetci rovní - nemôžeme skrývať svoje nedostatky ani predstierať, že sme niekým iným. Alebo je to možno len preto, že je to zábava! **Nech už je** dôvod **akýkoľvek, bol som** jednoducho rád, že sme sa mohli všetci stretnúť a užiť si vzájomnú spoločnosť na takomto výnimočnom mieste.

Schwimmen gehen

Der Pool war immer ein **erfrischender** Ort, und heute war es nicht anders. Die Sonne schien und das Wasser sah einladend aus. Ich holte tief Luft, tauchte ein und spürte die kühle Umarmung des Wassers. Ich schwamm eine Weile meine Runden, genoss die Bewegung und die Möglichkeit, den Kopf frei zu bekommen. Nach einer Weile stieg ich aus dem Wasser und trocknete mich ab, dann setzte ich mich auf ein Handtuch, um mich in der Sonne zu entspannen. Ich schloss die Augen und ließ die **Wärme** über mich ergehen, während sich meine Muskeln zu entspannen begannen. Plötzlich hörte ich ein Plätschern und öffnete die Augen, um meine kleine Schwester zu sehen, **die** im flachen Wasser herumplanschte. Ich lächelte und sah ihr eine Weile zu, dann stand ich auf und ging zu ihr hinüber. Wir unterhielten uns eine Weile, paddelten zusammen und genossen die Gesellschaft des anderen. Bald gesellten sich unsere Eltern zu uns, und wir verbrachten den Rest des Nachmittags mit Schwimmen und gemeinsamen Spielen. Es war immer schön, Zeit mit der Familie im Schwimmbad zu verbringen. **Der** Aufenthalt im Wasser scheint die Menschen zusammenzubringen. Vielleicht liegt es daran, dass wir alle gleich sind, wenn wir im Wasser sind - wir können unsere Schwächen nicht verstecken

Slnko ma pálilo do kože a vo vzduchu bol cítiť zápach chlóru. Počula som zvuky smiechu detí, ktoré sa špliechali v bazéne. Ležala som na lehátku vedľa bazéna, opaľovala sa a **užívala si** deň. Mala som zavreté oči a práve som sa chystala zaspať, keď som počula, ako ku mne niekto kráča. Otvorila som oči a uvidela som, že vedľa mňa stojí žena. Mala na sebe bikiny a okolo pása mala omotaný uterák. Mala dlhé blond vlasy a modré oči. V ruke držala fľaštičku s **opaľovacím krémom.** "Nebude ti vadiť, keď ti natriem chrbát opaľovacím krémom?" spýtala sa ma. "Nie, to je v poriadku," povedala som a posadila som sa, aby mi dosiahla na chrbát. Cítila som jej ruky na svojej pokožke, keď mi naniesla opaľovací krém.

oder vorgeben, etwas zu sein, was wir nicht sind. Oder vielleicht liegt es einfach daran, dass es Spaß macht! **Was auch immer** der Grund ist, ich war einfach froh, dass wir alle zusammenkommen und die Gesellschaft des anderen an einem so besonderen Ort genießen konnten.

Die Sonne brannte auf meine Haut und der Geruch von Chlor lag in der Luft. Ich hörte das Lachen der Kinder, die im Pool planschten. Ich lag auf einem Liegestuhl neben dem Pool, genoss die Sonne und **den** Tag. Ich hatte meine Augen geschlossen und wollte gerade einschlafen, als ich hörte, wie jemand auf mich zukam. Ich öffnete meine Augen und sah eine Frau neben mir stehen. Sie trug einen Bikini und hatte sich ein Handtuch um die Taille geschlungen. Sie hatte langes blondes Haar und blaue Augen. In der Hand hielt sie ein Fläschchen mit **Sonnenschutzmittel**. "Stört es Sie, wenn ich Ihnen den Rücken eincreme?", fragte sie. "Nein, das ist in Ordnung", sagte ich und setzte mich auf, damit sie meinen Rücken erreichen konnte. Ich spürte ihre Hände auf meiner Haut, als sie das Sonnenschutzmittel auftrug.

Otázky na porozumenie

1. Kde sa rozprávač nachádzal na začiatku príbehu?

2. Čo cíti rozprávač, keď otvorí oči?

3. Čo počuje rozprávač, keď otvorí oči?

4. Čí opaľovací krém dá žena rozprávačovi?

5. O čom rozprávač sníva?

6. Prečo je kúpanie v mori pre rozprávača také zvláštne?

7. Aký je pocit z vody, v ktorej rozprávač pláva?

8. Čo vidí rozprávač, kéď vyjde z vody?

9. Čo urobí žena po tom, ako namaže rozprávača opaľovacím krémom?

Fragen zum Verständnis

1. Wo war der Erzähler, als er die Geschichte begann?

2. Was riecht der Erzähler, wenn er seine Augen öffnet?

3. Was hört der Erzähler, als er seine Augen öffnet?

4. Wem gehört die Sonnencreme, die die Frau dem Erzähler gibt?

5. Wovon träumt der Erzähler?

6. Warum ist das Schwimmen im Meer für den Erzähler so besonders?

7. wie fühlt sich das Wasser an, in dem der Erzähler schwimmt?

8. Was sieht der Erzähler, als er aus dem Wasser kommt?

9. Was tut die Frau, nachdem sie den Erzähler mit Sonnencreme elngecremt hat?

Kosenie trávnika

Je 10 hodín ráno v letnú **sobotu** a slnko už nemilosrdne páli. Vydáte sa do garáže pre kosačku a máte pocit, že ste **odsúdení na** ťažkú prácu. Začnete kosiť trávnik a dávate pozor, aby ste išli pekne pomaly, aby ste nevynechali žiadne miesto. Počas kosenia premýšľate o tom, aký je to dobrý pocit byť vonku na čerstvom vzduchu. Keď začnete tlačiť kosačku sem a tam po trávniku, kútikom **oka zbadáte** suseda. Zamávate mu a pozdravíte a on vám zamáva späť.

Po niekoľkých minútach ste hotoví a idete k susedovi na pivo do záhrady. Je **perfektný** deň - nie je príliš horúco, fúka jemný vánok. Sedíte v tieni stromu, popíjate pivo a rozprávate sa so susedom. Práve vďaka takýmto dňom si vážite leto. Potom **sa vyberiete** dovnútra na zaslúžené pivo. Rozvalíte sa na stoličke na verande, otvoríte plechovku a spokojne si povzdychnete. Zvuk kosačky ustupuje do pozadia, zatiaľ čo vy relaxujete v tieni a užívate si **pokoj** tejto chvíle. Pivo chutí mimoriadne dobre po všetkej tej ťažkej práci v horúčave. Chystal som sa ísť dovnútra, keď som počul hluk vedľa.

Znelo to, akoby niekto plakal. Prestal som kosiť a prešiel som k plotu, ktorý oddeľoval naše dvory.

Den Rasen mähen

Es ist 10 Uhr morgens an einem **Sommersamstag**, und die Sonne brennt bereits erbarmungslos auf die Erde. Sie stapfen in die Garage, um den Rasenmäher zu holen, und haben das Gefühl, dass Sie zu harter Arbeit **verurteilt werden**. Du fängst an, den Rasen zu mähen, wobei du darauf achtest, dass du schön langsam vorgehst, damit du keine Stelle übersiehst. Während du mähst, denkst du daran, wie gut es sich anfühlt, draußen an der frischen Luft zu sein. Als du den Rasenmäher hin und her schiebst, siehst du aus dem **Augenwinkel** deinen Nachbarn. Sie winken und grüßen, und er winkt zurück.

Nach ein paar Minuten sind Sie fertig und gehen zum Haus Ihres Nachbarn, um mit ihm im Vorgarten ein Bier zu trinken. Es ist ein **perfekter** Tag - nicht zu heiß, und es weht eine leichte Brise. Sie sitzen im Schatten des Baumes, nippen an Ihrem Bier und unterhalten sich mit Ihrem Nachbarn. Es sind Tage wie dieser, an denen man den Sommer zu schätzen weiß. Dann **gehen Sie** ins Haus, um ein wohlverdientes Bier zu trinken. Sie lassen sich in einen Stuhl auf der Veranda fallen, öffnen die Dose und lassen einen zufriedenen Seufzer los. Das Geräusch des Rasenmähers tritt in den Hintergrund, während du dich im Schatten

Nakukol som tam a uvidel som susedu, pani Johnsonovú, ako plače na hojdačke na verande. Zavolal som na ňu, ale nepočula ma. Preliezol som cez plot a prešiel som k nej. "Pani Johnsonová, ste v poriadku?" Spýtala som sa jej. Pozrela na mňa so slzami v očiach a pokrútila hlavou. "Nie, nie som v poriadku," povedala. "Včera mi zomrela mačka." Bola som šokovaná. Nevedel som, čo mám povedať. Len som tam rozpačito stála a nevedela, čo mám robiť. Nakoniec som jej položil ruku na **plece** a povedal som: "Je mi to veľmi ľúto, pani Johnsonová. Ak vám môžem nejako pomôcť, dajte mi prosím vedieť. " Pokrútila hlavou a povedala: "Nie, nikto **nemôže nič** urobiť." Potom vstala a vošla do svojho domu. Chvíľu som tam stála a nevedela, čo mám robiť. Potom som sa vrátil ku koseniu trávnika. Keď som skončil, nemohol som si pomôcť, ale myslel som na pani Johnsonovú a jej mačku.

entspannst und die **Ruhe** des Augenblicks genießt. Das Bier schmeckt besonders gut nach all der harten Arbeit in der Hitze. Ich wollte gerade ins Haus gehen, als ich nebenan ein Geräusch hörte.

Es **hörte sich an**, als ob jemand weinen würde. Ich hörte auf zu mähen und ging zu dem Zaun, der unsere Gärten trennte. Ich spähte hinüber und sah meine Nachbarin, Mrs. Johnson, weinend auf ihrer Verandaschaukel. Ich rief nach ihr, aber sie hörte mich nicht. Ich kletterte über den Zaun und ging zu ihr hinüber. "Mrs. Johnson, geht es Ihnen gut?" fragte ich. Sie schaute mich mit Tränen in den Augen an und schüttelte den Kopf. "Nein, mir geht es nicht gut", sagte sie. "Meine Katze ist gestern gestorben." Ich war schockiert. Ich wußte nicht, was ich sagen sollte. Ich stand nur unbeholfen da und wusste nicht, was ich tun sollte. Schließlich legte ich ihr die Hand auf die **Schulter** und sagte: "Es tut mir so leid, Mrs. Johnson. Wenn ich Ihnen irgendwie helfen kann, lassen Sie es mich bitte wissen. "Sie schüttelte den Kopf und sagte: "Nein, es gibt **nichts**, was man tun könnte." Dann stand sie auf und ging in ihr Haus. Ich stand einen Moment lang da und wusste nicht, was ich tun sollte. Dann mähte ich wieder meinen Rasen. Als ich fertig war, musste ich unweigerlich an Frau Johnson und ihre Katze denken.

Otázky na porozumenie

1. Koľko je hodín?

2. Kde kosí osoba?

3. Ako sa osoba cíti?

4. Prečo musí človek kosiť pomaly?

5. Aké je počasie?

6. Čo robí osoba po kosení?

7. Čo počuje človek pred odchodom domov?

8. Kto je s pani Johnsonovou?

9. Prečo pani Johnsonová plače?

10. Čo hovorí táto osoba pani Johnsonovej?

Fragen zum Verständnis

1. Wie spät ist es?

2. Wo mäht die Person?

3. Wie fühlt sich die Person?

4. Warum muss die Person langsam mähen?

5. Was für ein Wetter ist es?

6. Was macht die Person nach dem Mähen?

7. Was hört die Person, bevor sie nach Hause geht?

8. Wer ist bei Mrs. Johnson?

9. Warum weint Mrs. Johnson?

10. Was sagt die Person zu Frau Johnson?

Strihanie vlasov

Už niekoľko týždňov som sa chcela dať ostrihať, ale vždy sa mi to podarilo odložiť. Ale keďže **Vianoce boli** za rohom, vedela som, že to už nemôžem ďalej odkladať. Nechcela som prísť na vianočnú večeru k rodine a vyzerať ako zanedbaná. Preto som sa skoro ráno na Vianoce vybrala do salónu. Hoci bolo skoro, v salóne už bolo veľa ľudí, ktorí **si nechávali** robiť vlasy na sviatky. Postavila som sa do radu a čakala, kým na mňa príde rad. Nakoniec som sa dostala na rad ja. Kaderníčka, priateľská žena menom Jill, sa ma spýtala, čo chcem. "Len zastrihnúť, nič drastické," odpovedala som. Jill sa pustila do práce a strihala mi vlasy. Ako pracovala, začala som sa uvoľňovať. Bol to dobrý pocit, že sa o seba konečne starám. V poslednom čase som bola taká zaneprázdnená starostlivosťou o všetkých ostatných, že som svoje vlastné potreby nechala bokom. Ale **teraz už** nie. Odteraz si budem na seba robiť čas.

Keď Jill skončila, pozrela som sa do zrkadla a bola som spokojná s tým, čo som videla. Moje vlasy vyzerali upravené a vyleštené - ideálne na sviatočné stretnutia.

Zum Haareschneiden gehen

Ich wollte mir schon seit Wochen die Haare schneiden lassen, aber irgendwie habe ich es immer wieder aufgeschoben. Aber da **Weihnachten vor der** Tür stand, wusste ich, dass ich es nicht länger aufschieben konnte. Ich wollte beim Weihnachtsessen meiner Familie nicht wie ein schmuddeliges Häufchen Elend dastehen. Also machte ich mich am frühen Weihnachtsmorgen auf den Weg zum Friseur. Obwohl es noch früh war, war der Salon schon voll mit anderen Leuten, **die sich** für die Feiertage die Haare machen ließen. Ich nahm meinen Platz in der Schlange ein und wartete, bis ich an der Reihe war. Endlich war ich mit dem Stuhl dran. Die Friseurin, eine freundliche Frau namens Jill, fragte mich, was ich wollte. "Nur einen Trimmschnitt, nichts allzu Drastisches", antwortete ich. Jill machte sich an die Arbeit und schnippelte an meinem Haar herum. Während sie arbeitete, begann ich mich zu entspannen. Es war ein gutes Gefühl, mich endlich um mich selbst zu kümmern. In letzter Zeit war ich so sehr damit beschäftigt gewesen, mich um alle anderen zu kümmern, dass ich meine eigenen Bedürfnisse vernachlässigt hatte. Aber das war **vorbei**.

Poďakovala som Jill a v **duchu som si zapísala**, že sa sem budem vracať častejšie. Odteraz sa budem starať predovšetkým o seba. Pustila sa do strihania mojich vlasov. Myslela som na to, aká som vďačná, že som sa konečne dala ostrihať. Bol to dobrý pocit vedieť, že na vianočnú **večeru** budem vyzerať reprezentatívne. Už som sa nemusela obávať, že si ma rodina bude doberať kvôli môjmu "zanedbanému" vzhľadu. Po niekoľkých minútach mi kaderník dokončil úpravu vlasov a rýchlo mi ich vyfúkal. Pozrela som sa do zrkadla a bola som spokojná s tým, čo som videla - čisto ostrihaný vzhľad, ktorý bude perfektný na vianočnú večeru. Teraz, keď som mala strihanie za sebou, som sa mohla sústrediť na to, aby som si užila sviatky s rodinou. A za to som bola ešte vďačnejšia.

Von nun an wollte ich mir Zeit für mich nehmen.

Als Jill fertig war, schaute ich in den Spiegel und war mit dem, was ich sah, zufrieden. Mein Haar sah ordentlich und glänzend aus - perfekt für Festtagsfeiern. Ich **bedankte mich bei** Jill und nahm **mir vor, öfter wiederzukommen**. Von nun an werde ich mich in erster Linie um mich selbst kümmern. Sie machte sich an die Arbeit und schnippelte an meinem Haar herum. Ich dachte darüber nach, wie dankbar ich war, dass ich endlich dazu gekommen war, mir die Haare schneiden zu lassen. Es war ein gutes Gefühl zu wissen, dass ich zum **Weihnachtsessen** vorzeigbar aussehen würde. Ich würde mir keine Sorgen mehr machen müssen, dass meine Familie mich wegen meines "ungepflegten" Aussehens hänseln würde. Nach ein paar Minuten war der Friseur mit dem Schneiden meiner Haare fertig und föhnte sie kurz. Ich schaute in den Spiegel und war zufrieden mit dem, was ich sah - ein gepflegtes Aussehen, das perfekt für das Weihnachtsessen sein würde. Jetzt, da der Haarschnitt erledigt war, konnte ich mich darauf konzentrieren, die Feiertage mit meiner Familie zu genießen. Und dafür war ich umso dankbarer.

Otázky na porozumenie

1. Čo musel hlavný hrdina urobiť pred Vianocami?

2. Ako sa hlavná hrdinka cítila, keď sa o seba starala?

3. Kto ostrihal hlavnému hrdinovi vlasy?

4. Prečo sa rodina hlavnej hrdinky chystala podpichovať ju?

5. Ako sa cítila hlavná hrdinka po ostrihaní?

6. Čo urobila hlavná hrdinka po ostrihaní vlasov?

7. Aká bola reakcia rodiny hlavnej hrdinky na jej účes?

8. Čo robil hlavný hrdina na Štedrý večer?

9. Čím bol zážitok hlavného hrdinu výnimočnejší?

Fragen zum Verständnis

1. Was musste der Protagonist vor Weihnachten tun?

2. Wie hat sich die Protagonistin gefühlt, als sie für sich selbst sorgte?

3. Wer hat dem Protagonisten die Haare gestutzt?

4. Warum wollte die Familie der Protagonistin sie hänseln?

5. Wie hat sich die Protagonistin gefühlt, nachdem sie ihren Haarschnitt bekommen hat?

6. Was hat die Protagonistin getan, nachdem sie sich die Haare schneiden ließ?

7. Wie hat die Familie der Protagonistin auf ihren Haarschnitt reagiert?

8. Was hat der Protagonist an Heiligabend gemacht?

9. Was hat die Erfahrung des Protagonisten zu etwas Besonderem gemacht?

Park

Slnko zapadalo a park bol prázdny. Sedela som na lavičke a čakala na svojho **priateľa**. Plánovali sme sa tu stretnúť už pred hodinou, ale ona vždy meškala. Práve keď som to chcela vzdať a ísť domov, uvidela som ju, ako ku mne beží.

"Je mi to tak ľúto," vydýchla, keď došla k lavičke. "Môj vlak mal **meškanie.**"

"To je v poriadku," povedala som **zhovievavo**. "Práve som sem prišiel."

Chvíľu sme sedeli a rozprávali sa, pričom sme si navzájom rozprávali o našich životoch od nášho posledného stretnutia. Rozhovor plynul **ľahko a** mali sme pocit, že od nášho posledného stretnutia neuplynul vôbec žiadny čas. Keď zapadlo slnko, rozlúčili sme sa a išli sme každý svojou cestou. Nabudúce sme sa stretli v inom parku. Opäť meškala, ale mne to nevadilo. Bolo príjemné mať niekoho, s kým sa môžem porozprávať a kto mi **rozumie**. Rozprávali sme sa o svojich snoch a **túžbach, o** veciach, ktoré by sme chceli v živote urobiť. Ona mi povedala o svojich plánoch cestovať po svete a ja som sa podelil o svoj sen stať sa spisovateľom. Keď slnko zapadlo do ďalšieho dňa, opäť sme sa rozlúčili a sľúbili si, že tentoraz zostaneme v kontakte.

Prešli roky a naše **priateľstvo** zostalo silné, aj keď sme teraz žili v rôznych častiach krajiny. Udržiavali

Im Park

Die Sonne ging gerade unter, und der Park war leer. Ich saß auf der Bank und wartete auf meine **Freundin**. Wir hatten uns vor einer Stunde hier verabredet, aber sie kam immer zu spät. Gerade als ich aufgeben und nach Hause gehen wollte, sah ich sie auf mich zulaufen.
"Es tut mir so leid", keuchte sie, als sie die Bank erreichte. "Mein Zug **hatte Verspätung**."
"Ist schon gut", sagte ich **verzeihend**. "Ich bin auch gerade erst gekommen."
Wir setzten uns hin und unterhielten uns eine Weile, wobei wir uns über das Leben des jeweils anderen unterhielten, seit wir uns das letzte Mal gesehen hatten. Die Unterhaltung verlief **mühelos**, und es kam uns vor, als sei seit unserer letzten Begegnung überhaupt keine Zeit vergangen. Als die Sonne unterging, verabschiedeten wir uns und gingen unsere eigenen Wege. Das nächste Mal, als wir uns trafen, war es in einem anderen Park. Wieder war sie spät dran, aber das machte mir nichts aus. Es war schön, jemanden zum Reden zu haben, der mich **verstand**. Wir sprachen über unsere Träume und **Hoffnungen**, über die Dinge, die wir in unserem Leben tun wollten. Sie erzählte mir von ihren Plänen, die Welt zu bereisen, und ich erzählte von meinem Traum, Schriftstellerin zu werden. Als die Sonne an einem anderen Tag unterging, verabschiedeten wir uns noch einmal und versprachen,

sme kontakt prostredníctvom listov a príležitostných telefonátov a navzájom sme sa delili o novinky z nášho života. Keď mi oznámila, že sa bude vydávať, **neprekvapilo** ma to - vždy bola **dobrodružný** typ. Ale keď ma požiadala, či by som jej nešla za družičku na svadobnom obrade, ktorý sa konal na druhom konci sveta od miesta, kde som žila... to ma muselo presvedčiť! Nakoniec som však nemohla dovoliť, aby sa moja najlepšia priateľka vydávala bez toho, aby som bola po jej boku, a tak som napriek svojim obavám (a po jej veľkom prosení!) **súhlasila, že** pôjdem s ňou, čo sa ukázalo byť **dobrodružstvom jej** života.

Konečne prišiel deň **svadby.** Bola som nervózna, ale zároveň som sa tešila, že budem súčasťou takého dôležitého okamihu v živote môjho priateľa. Obrad bol krásny a ona vyzerala šťastná, keď si povedala svoj sľub. **Potom** sme to oslávili veľkou párty - vyzeralo to, akoby s ňou prišli oslavovať všetci jej známi! Bol to **čarovný** deň, na ktorý nikdy nezabudnem, a naše priateľstvo sa po tomto dobrodružstve len posilnilo.

diesmal in Kontakt zu bleiben.

Die Jahre vergingen, und unsere **Freundschaft** blieb bestehen, obwohl wir jetzt in verschiedenen Teilen des Landes lebten. Wir hielten den Kontakt durch Briefe und gelegentliche Telefonate aufrecht und teilten uns gegenseitig die Neuigkeiten aus unserem Leben mit. Als sie ankündigte, dass sie heiraten würde, war ich nicht **überrascht** - sie war schon immer der **abenteuerlustige** Typ gewesen. Aber als sie mich fragte, ob ich ihre Trauzeugin bei ihrer Hochzeitsfeier sein würde, die am anderen Ende der Welt stattfand, musste ich sie erst einmal überzeugen! Letztendlich konnte ich jedoch nicht zulassen, dass meine beste Freundin ohne mich an ihrer Seite heiratet, und so **stimmte** ich trotz meiner Befürchtungen (und nach langem Bitten ihrerseits!) zu, das **Abenteuer** meines Lebens mitzumachen.

Endlich war der Tag der **Hochzeit** gekommen. Ich war nervös, aber auch aufgeregt, bei einem so wichtigen Moment im Leben meiner Freundin dabei zu sein. Die Zeremonie war wunderschön, und sie sah glücklich aus, als sie ihr Gelübde ablegte. **Danach** feierten wir mit einer großen Party - es schien, als ob jeder, den sie kannte, gekommen war, um mit ihr zu feiern! Es war ein **magischer** Tag, den ich nie vergessen werde, und unsere Freundschaft ist nach diesem Abenteuer nur noch stärker geworden.

Otázky na porozumenie

1. Kde sa autorka a jej priateľ prvýkrát stretli?

2. Prečo autorov priateľ prišiel na stretnutie neskoro?

3. O čom sa priatelia rozprávali, keď sa po rokoch opäť stretli?

4. Ako sa autorka cítila, keď sa zúčastnila na svadobnom obrade svojej priateľky?

5. Opíšte prostredie svadobného obradu.

6. Ako sa časom zmenilo priateľstvo medzi týmito dvoma ženami?

7. Čo je autorovým snom?

8. Kam plánuje autorov priateľ cestovať?

9. Prečo sa autorka zdráhala zúčastniť na svadobnom obrade svojej priateľky?

Fragen zum Verständnis

1. Wo haben sich die Autorin und ihr Freund zum ersten Mal getroffen?

2. Warum kam der Freund des Autors zu spät zu ihrem Treffen?

3. Worüber sprachen die Freunde, als sie sich Jahre später wieder trafen?

4. Wie hat sich die Autorin gefühlt, als sie an der Hochzeit ihrer Freundin teilnahm?

5. Beschreiben Sie den Rahmen der Hochzeitszeremonie.

6. Wie hat sich die Freundschaft zwischen den beiden Frauen im Laufe der Zeit verändert?

7. Was ist der Traum des Autors?

8. Wohin plant der Freund des Autors zu reisen?

9. Warum hat die Autorin gezögert, an der Hochzeit ihrer Freundin teilzunehmen?